KB163658

스위트 홈의 기원

차례
Contents

스위트 홈을 만들기 위한 열정 : 가정이 뭐길래?

은행이나 미장원에 가면 여성 잡지들이 비치되어 있는 것을 쉽게 볼 수 있다. 각 신문사의 이름을 합성한 여성ㅇㅇ류의 잡지들이 그것이다. 이들 잡지의 목차를 훑어보면, 웰빙 인테리어로 집 꾸미기, 블랙 푸드로 음식 만들기, 우리아이 조기유학시키는 방법, 해외여행 알차게 하는 방법, 은퇴한 유명 연예인의 사생활 등에 대한 내용으로 가득 채워져 있다. 이 현란한 목차들은 한숨이 절로 나는 세상을 잠시 잊고, 기다리는 동안의 지루함을 때우기에 안성맞춤이다.

독자의 시선을 한눈에 잡아끄는 여성 잡지들이 이런 내용과 형식으로 만들어지기 시작한 것은, 지금으로부터 불과 70여 년 전인 1930년대의 일이다. 비록 한 무명 삽화가의 솜씨

이지만, 당시 잡지 표지를 장식한 여인의 모습은 지금 보아도 사뭇 고혹적이다. 백옥같이 흰 피부에 옷고름을 슬쩍 감아쥔 채 45도 각도로 앉아 있는 여인은, 요새 흔히 말하는 '얼짱 각도'의 포즈로 서점 가판대를 지나가는 독자의 시선을 유혹한다. 이 잡지의 표지를 한 장 넘겨보면, 히사시가미 머리와 뾰족 구두, 레이스 장식의 옷차림을 한 신여성들의 생활방식이 소개되어 있다. 신여성들은 패션 리더이기도 하지만, 이들이 어떠한 옷을 입는지, 무엇을 먹는지, 어떠한 집에 사는지는 사람들의 관심을 끌기에 충분했다. 이런 최신 유행은 잡지 곳곳을 채우고 있다.

같은 잡지의 또 다른 지면에서는 한복을 입고 쪽진 머리의 여성이 서너 살 된 남자아이를 안고 후덕하게 웃고 있는 모습을 발견할 수 있다. 여기에는 젖먹이는 방법, 아이를 키우는 방법, 어린아이의 옷을 만드는 방법 등과 같은 생활의 지혜들이 소개되어 있다.

또한 잡지에는 럭셔리한 외국 가구와 화장품은 물론 근대적 가정을 완성하기 위한 갖가지 생활용품에 대한 광고가 실려 있다. 1939년 2월호 『여성』지에 실린 '아지노모도(味の素)' 조미료 광고를 살펴보자. "여성의 진선미, 개성을 도도히 화장하고 음식을 아지노모도로 더불어 맛있게 조리하고 손수 바느질하는 소양이야말로 참된 여성의 아름다움이지요"라는 광고 카피 옆에는 눈을 다소곳이 치켜 뜬 여성이 화초장 앞에서 바느질을 하고 있다. 그리고 이 옆에는 따끈한 밥상 그림이 그려

져 있다. 당시에는 화장을 곱게 하고, 맛있는 음식을 만들 줄 아는 여성을 진선미의 미덕을 갖춘 행복한 가정의 안주인으로 인식한 것이다. 잡지의 다른 한편에는 이렇게 행복한 가정의 모델을 수록하고 있다. '가정'이라는 이름을 '행복'과 자연스럽게 연결시키고 있는 것이다.

조미료 광고가 내세운 가정의 행복.

참고로 여성 잡지들의 제목을 쭉 나열해 놓고, 지금까지 여성들을 억누르고 있는 그 이면의 욕망을 한번 살펴보자. 1906년에 창간된 『가정잡지』에서부터 『신여자』, 『여자시론』, 『부인』, 『신여성』, 『신가정』, 『가정지우』, 『자선부인회잡지』, 『부녀지광』, 『여성지우』, 『가정공론』… 그리고 현재 발행되고 있는 『행복이 가득한 집』에 이르기까지, 이들 잡지의 제목과 세부 목차를 살펴보면, 근대적인 새로운 '가정'을 어떻게 만들어낼 것이냐, 혹은 행복한 가정생활을 원만하게 하는 각종 노하우에 대한 관심이 많았다는 것을 알 수 있다.

1930년대 소설을 연구한 필자가 근대 가정의 성립 조건에 대해 의문을 갖게 된 이유는 바로 여기에 있다. 작품의 원전을 찾기 위해 도서관을 들락거리다 보니, 자연스레 1920~1930년대 잡지들과 친근해졌고, 때로는 소설을 읽다가 다른 곳에 한눈을 팔게 되었다. 아이를 들쳐 업고 전국 각지의 부인네들이 모이는 1915년의 가정박람회에서부터 주거문제로 골치를 앓았던 1920년대 경성의 주택개량론, 현재의 청담동이나 한남동, 성북동에 자리 잡은 고급 주택가가 근대적 부를 상징하듯 1930년대 도시소설의 배경이 되는 문화주택, 그리고 남촌과 북촌으로 갈라진 경성의 도시계획이 빚어낸 주거와 건축에 관한 문제가 그렇다. 뿐만 아니라 우리에게 '즐거운 나의 집'이라는 제목으로 알려진 노래는 1930년대부터 유행했는데, 식민지 시대에 "내 쉴 곳은 작은 집, 내 집뿐이리"라는 가사가 왜 그렇게 공전의 히트를 치며, 이 당시의 감각을 지배했던 것일까? 1936년 1월 『신가정』 창간호에는 '즐거운 내 집 살림'이란 노래가 실렸다. "斗星을 뉘우스리, 적은 채 우리궁전, 부신 듯 가난해도 맘 기쁜 내 집 살림", 변영로의 시에 현제명이 곡을 붙인 이 노래를 전 국민이 따라 불렀다.

행복한 가정을 상징하는 대표적인 노래인 '비둘기 집'은 조선의 마지막 황손 이석이 불러서 유명해졌다. 그런데 아이러니하게도 마지막 황손이 부른 '비둘기 집'은 거꾸로 우리가 꿈꿔야 할 비둘기 집이 무엇인지 되묻고 있다. 1970년대 정권에서 강조한 '잘 살아보세'라는 구호는 우리의 근대가 드러낸 행복한 가정에 대한 과잉된 열정의 공적 표출이라고 할 수 있다. 결국 근대는 이런 식으로 가정에 대한 나름의 열정을 표출하면서, 그 해답을 찾아 현재까지 이르렀다고 할 수 있다.

사적인 측면에서도 '행복한 가정 만들기' 프로젝트는 꾸준히 진행되어 왔다. 경제가 어려울수록 결혼중개업소들은 성황을 이룬다고 한다. 좀더 나은 미래와 배우자를 만나기 위해 '만혼'을 선택한 젊은이들이 넘쳐나는 오늘날의 현실은, 1930년대 『삼천리』, 『조광』, 『별건곤』, 『여성』지에 실린 결혼좌담회 기사 내용과 별반 다를 바 없다. 지하철이나 각종 인터넷 사이트에서 쉽게 찾아볼 수 있는 '듀오'나 '선우'와 같은 결혼중개업소의 열풍은 비단 오늘날의 문제만은 아니었던 모양이다. 1930년대에도 이러한 풍경은 쉽게 찾아볼 수 있다. 결국 행복한 가정 만들기 프로젝트는 근대라는 긴 역사와 함께 오늘날까지 이어져 온 것이다.

근대 초기의 가정은 라이프스타일과도 관련이 있다. 근대적 가정이 삶의 방식을 바꾸고 있다는 이광수의 견해를 이 책의 중심 생각으로 삼아도 무리는 없을 것이다. 최초의 여성 잡지인 『가정잡지』에서부터 1920~1930년대에 우후죽순처럼 생겨난 여성 잡지들은 저마다 행복한 가정 만들기를 외치고 있다. 그렇다면 그 프로젝트가 어떻게 진행되었는지 함께 그 여정을 떠나보자.

부자(父子) 중심의 가족에서 부부 중심의 가정으로 변화하는 근대 초기의 삶의 패턴은 현재의 우리에게도 많은 점을 시사해준다. 근대 초기, 서구의 말끔한 '모던 리빙'이 등장한 이후에 비록 우리의 삶의 질은 높아졌지만, 그것을 현실로 인정하기에는 여러 가지 문제점이 있다. 따라서 이 글은 지금으로부터 100년이 채 안된 1906년 『가정잡지』로 거슬러 올라가

본격적인 이야기를 시작하고자 한다. 오늘날의 여성 잡지보다 한층 더 진지한 100년 전의 가정론이 지금까지도 제대로 이어져 오고 있는지, 이전으로 여정을 떠나보는 것도 현재의 우리를 이해하는데 의미 있는 일이 될 것이다.

『가정잡지』에 나타난 건전한 가정상

순결한 아내와 착한 누나에 대한 기대

얼마 전까지만 해도 텔레비전에서는 사람들의 눈물샘을 자극하여 시청률을 올리는 프로그램이 방영되고 있었다. 일요일 저녁 오락 프로그램의 한 코너인 「러브하우스」가 바로 그 주인공이다. 이 프로그램이 일요일 프라임 시간대에 계속 방영될 수 있었던 이유는 일차적으로 집을 꾸미는 인테리어 방법을 소개했기 때문이다. 즉, 도저히 집이라고 할 수 없을 정도의 공간이 일주일만에 새롭게 바뀌는 것도 놀라운 일인데, 건강을 지켜주는 웰빙 황토 벽지, 방음과 전열을 가능케 해주는 이중 유리 샷시, 발로 수도꼭지를 조작하는 새로운 부엌 시스템 등은 사람들의 이목을 사로잡기에 충분했다. 물론 이 프로

그램의 인기 요인이 단지 '집 꾸미는 기술'에만 있었던 것은 아니다. '화해와 사랑의 가족'이라는 훈훈한 이야기가 사연을 선택하는 기준처럼 작용했다. 즉, '집안 개조'에 당첨되는 행운의 주인공이 되기 위해서는 시청자들의 눈물샘을 자극할 수 있는 가슴 아픈 사연의 인물이어야 한다.

권선징악을 강조하는 단순한 미덕은 오히려 석연치 않은 느낌을 안겨준다. 따라서 병든 아버지를 수발하는 소녀와 빚더미에 앉은 가장, 가족의 생계를 꾸려가야 하는 소녀가장의 이야기와 같이 '희생'을 담보로 한 불우한 미덕이 요구되었다. '가정을 위해 희생하는 이야기'가 주는 효과는 컸다. 어려운 가정이 재기에 성공하여 뼈아픈 현실을 극복한다는 스토리는 나라가 어려운 시기일수록 호소력이 컸다. 그래서인지 '집 꾸미는 인테리어 기술'과 '가정을 위한 희생담'의 결합은 성공적인 시청률을 낳았다.

가정미담이 주도하는 이중적 효과는 비단 최근의 일만은 아니다. 100년 전의 여성 잡지에서 이미 그 단초를 보여주고 있다. 실례로 1906년에 발행한 『가정잡지』는 가정주부를 대상으로 한 최초의 여성 잡지로서, 전체 30면 정도의 얄팍한 책으로 순수 한글 잡지이다. 이 잡지는 표지에서부터 근대 초기 '가정'에 관한 확고한 의지를 드러내고 있다.

『가정잡지』는 서당에 앉은 자식을 바라보고 있는 어머니와 어린 아들을 들쳐 업고 길을 건너는 여인이 항상 잡지의 표지로 그려졌다. 현숙한 '맹자'의 모친의 이미지와 겹쳐지기도 한다. 이 잡지는 가정 경제에서부터 실생활에 이용할 간장을 두는 법, 생선뼈를 묻는 법에 이르기까지 자세한 생활의 노하우를 소개하는 대중 교양지이다. 그러나 잡지 중간에 끼어 있는 논설들은 가정잡지에서 벗어난 비장한 느낌마저 준다. 여기에 그중 일부를 살펴보자.

> 우리 잡지의 목적은 전국 동포의 가정의 묵은 습관을 고쳐 문명한 풍기를 받아들이기로 직분을 삼으오니 그 목적의 큼이 어떠하오며 누가 말하되 영웅호걸이 있은 후에야 나라가 된다 하나 영웅호걸은 어디서 오는가 하늘에서 떨어지는 것도 아니요 땅에서 솟아나는 것도 아니요 뉘 집에서 꾸어오는 것도 안이라(『가정잡지』 8, 1908.1.5).

이 글의 내용에서처럼 『가정잡지』는 전국 가정의 묵은 습관을 고치고, 개화된 풍습을 전파하는 데 일조를 하겠다는 목적을 가지고 있다. 그리고 개화한 가정이 전국 각지에 많아질수록 나라를 구할 영웅호걸 또한 많아진다는 소망도 담고 있다. 영웅호걸에 대한 기대감은 『가정잡지』에 연재된 「동서양가정미담」에까지 이어진다. 「동서양가정미담」은 동서양 각국의 가정에서 귀감으로 삼을 만한 감동적인 이야기들을 수집해 놓은 것으로, 이탈리아나 독일과 같은 유럽에서부터 중국을 거쳐 조선의 민충정공에 이르기까지 다양한 이야기를 포함하고 있다. 지금이야 인터넷의 보급으로 먼 나라 이야기도 빠르고 쉽게 알 수 있는 세상이 되었지만, 당시로서는 유럽이나 중국에 대한 이야기는 그저 '소문'으로만 접했을 뿐, 상세하게 알기란 어려웠을 것이다. 그 내용을 증명할 수는 없지만, 먼 유럽에서부터 가까이에 있는 일본이나 중국의 가정에서 이러이러한 훈훈한 일들이 일어났는데, "귀담아 들을 만하다"라는 식으로, 일종의 '-카더라'라는 방식의 이야기들이 사람들의 호기심을 끌었다.

가정이라는 이름으로 유포된 이 잡지의 제목에서도 내용을 충분히 짐작할 수 있듯이, 가정의 안녕과 화평을 위한 법칙을 다룬 이야기들이 근간을 이루고 있으며, 주로 다루어졌다. 실제로 『가정잡지』에 소개된 이야기의 제목을 몇몇 살펴보면, '내외간의 화목한 일', '시어머니 젖 먹여 봉양한 일', '어린아이 잘 위로하는 일', '용맹스러운 어머니', '죽어서도 자식의 손을 단단히 잡은 이야기', '이태리 화산 폭발로 죽은 아들의 발을 놓지 못한 어머니의 이야기' 등이 있다.

여기에 그 일부 내용을 소개하면, 이탈리아에서 화산 폭발로 몇만 명이나 되는 사람들이 화산비에 산 채로 묻힌 사건이 일어났는데, 이때 병든 자식을 돌보던 한 어머니도 자식과 함께 화산비에 묻혀 죽었다고 한다. 2천 년 동안 화산비 속에서 몸이 그대로 보존되어 있던 이 모자상은 발굴 당시에, 어머니가 손으로 병든 아들의 다리를 단단히 쥐고 있는 모습이었다고 한다. 이 어머니의 손은 많은 사람들을 감동시켰다. 석회수를 발라 박물관에 보존하기로 하였다는 이 이야기는 아들을 사랑하는 모정을 뛰어넘어 가족 구성원들을 단단히 결속시키는 것이 무엇인지에 대한 해답을 제시하고 있다. 가정의 모범이 되는 여성, 즉 현모양처에 준하는 여성이 이 시대가 원하는 행복한 가정의 주체였던 것이다.

또 다른 이야기를 한번 살펴보자. 송도 남부, 장수동에 사는 김영하 씨 누이에 관한 이야기는 대한제국 말기에 자결한 민영환을 추모하며 무려 열흘을 굶었다는 이야기이다. 민충정공이 자결한 일을 생각하면 가슴이 답답해져 밥을 먹을 수가 없었다고 한다. "착한 일을 좋아하고 의리에 감동"하기 좋아하는 김영하 씨의 누이는 가정미담의 주인공으로서 손색이 없다. 이와 같이 효부와 열녀에 관한 이야기들은 『가정잡지』에 단골로 실리는 주제였다. 당시에 「안의 성」과 같은 가정 화합 소설이 유행하고 있었던 것도 이와 같은 현실과 결코 무관하지 않다.

최찬식의 「안의 성」의 여주인공 박정애는 변호사 김상현을 우여곡절 끝에 만나 결혼한다. 그러나 시누이의 방해와 김상현을 사모하는 정봉자의 음모에 빠져 결국 그녀는 남편과 헤어지게 된다. 그녀가 오빠 박춘식을 공원에서 만나는 것을 보고, 외간 남자와 연애를 하고 있는 것처럼 계략을 꾸민 것인데, 결국 그녀의 기지와 인내로 다시 남편과 재결합에 성공한다. 한때 박정애를 구박했던 시어머니도 며느리의 순정을 깨닫고, 그녀를 위해 '연회'를 마련해 주려 하지만, 며느리 박정애는 우선 감옥에 갇힌 시누이부터 찾고 보자는 제안을 한다.

한마디로 자신의 안위보다 '가정'의 행복과 화평을 우선으로 생각한 것이다. 이처럼 아내와 며느리의 역할에 충실한 그녀의 미덕은 신문의 미담을 통해서 더욱 극대화된다. 다음은「안의 성」에 등장하는 한 장면이다.

> 연회를 중지하고 다음날을 기다리는데, 그 소문이 어찌 났던지 각 신문에 정애의 정렬을 극히 찬송하여 세계 안목에 광포하였더라. 그 신문 잡보 본 사람은 정애의 정렬을 아니 칭찬하는 사람이 없을 뿐더러, 진주 재판소에는 임자를 찾아 주려고 잘 보관하여 두었던 금지환을 경성 북부 경찰서로 보내어 정애에게 내어 주게 하고, 경주경찰서장 현국진은 편지로 치하를 하여 기타 친척, 고우도 원근 없이 모두 찾아와서 무한히 치하하는데, 상현의 가장 친절한 친구 손경부도 와서 저간에 서로 소식을 모르고 궁금히 지내던 정회를 말하며 가족이 다시 단합된 치하를 하는지라(최찬식,「안의 성」,『한국신소설 전집』2, 서울대 출판부, 2003, p.193).

가정의 화평을 위한 정애의 노력은 눈물겨운 비하인드 스토리를 만들어냈다. "정애의 정렬을 극히 찬송하여 세계 안목"에 널리 퍼지기를 호소하는 대목은 다음과 같이 설득력이 있다. 진주 재판소에서 묶고 있던 주인 없던 금지환이 돌아오거나, 경주경찰서장을 비롯한 안면도 없던 사람들, 그리고 소식이 끊어졌던 김상현의 친구까지 정애의 소식을 듣고 전국 각지에서 찾아와 그녀의 성품을 칭찬한다.

현숙한 아내에 대한 대중의 열광을 보여주는 장면으로 『안의 성』처럼 한 집안이 성공하기 위해서는 반드시 '정숙한 부인'이 있어야만 했다. 이 주제는 『가정잡지』가 강조했던 것으로 순결하고 착한 누이, 바르고 현명한 어머니와 이어지는 고리이기도 하였다.

조혼의 금지와 청년의 보호

이광수는 「자녀중심론」(『청춘』 15, 1918.9.26)에서 "구조선의 자녀는 오직 부모를 위하여서만 살았고 일하였고 죽었"다는 말로 시작한다. 이광수는 "문명이 어떤 의미로 보면 해방"이라고 전제하며, 특히 '자녀의 해방'을 강조하였다. "자녀로 하여금 자기네보다 우승한 공민이 되도록 힘을 써야할 것"이라는 그의 주장은 1910년대 유행한 진화론을 받아들인 것이다. 『학지광』에 발표한 「혼인에 대한 관견」(『학지광』 12, 1917.4)에서도 그의 이런 생각은 바뀌지 않았다. 특히 '결혼'에 대한 이광수의 의견은 단호하다. 결혼하려는 사람은 건강해야 하고, 정신력이 있어야 하며, 충분한 발육과 경제적 능력이 있어야 한다는 것이다. 이러한 조건들은 기본적으로 '자녀의 생산력'과 '자녀에게 미치는 영향'이 중요했음을 시사한다.

주시경도 일찍이 「혼인하는 폐」(『가정잡지』 5호, 1906.10)에서 조혼의 폐단을 '초목'에 빗대어 설명하였다. 튼튼하지 못하고 여린 나무에서 맺는 열매가 금방 노쇠하듯, 어려서 결혼한 사람의 자녀 역시 약한 자녀를 낳는다는 것이다. 한창 원기가 왕성할 때 결혼을 하니 그 마음이 학문에 닿지 못하여 국가의 기운도 쇠한다는 의견도 덧붙였다. 문명한 나라일수록 가정의 안정된 결합으로 말미암아 다음 세대가 튼튼해진다는 논리였다. 청년들이 조혼을 하는 일은 곧 개인의 문제를 넘어 국가 전체를 흔드는 위험한 일이었다.

이인직의 소설 「혈의 누」에 등장하는 다음 장면은 특히 당시 청년의 보호책이 가정을 지키기 위한 수단으로서 얼마나 절박했는지를 보다 선명하게 보여주고 있다. 일청전쟁 이후 미국의 '화성돈'(워싱톤)으로 유학을 간 옥련이는 그곳에서 구완서를 만난다. 이 소설에서 구완서는 옥련에게 상당한 호감을 갖고 접근하는데 다음은 옥련이와 구완서가 나누는 대화의 일부이다.

(옥) 그대는 부인이 계신줄 알았더니 …… 미국에 오실 때 십 칠 세라 하였으나 조선 같이 혼인을 일찍 하는 나라에서 어찌하여 그때까지 장가를 아니 가셨소.

(구) 너는 나더러 종시 해라 소리를 아니 하니 나도 마주 하오를 할 일이로구 허허허허.

그러는 말대답은 아니 하고 딴소리만 하여서 대단히 실례하였다. 내가 우리나라에 있을 때에 우리 부모가 내가 열 두 서너 살부터 장가를 들이려 하는 것을 내가 마다하였다.

우리나라 사람들이 조혼하는 것이 옳은 일이 아니라.

나는 언제든지 공부하여 학문지식이 넉넉한 후에 아내도 학문 있는 사람을 구하여 장가 들겠다. 학문도 없고 지식도 없고 입에서 젓내가 모랑 모랑 나는 것을 장가들이면 짐승의 자웅같이 아무것도 모르고 음양배합의 기쁨만 알 것이라. 그런고로 우리나라 사람들이 짐승같이 제 몸이나 알고 제 계집 제 새끼나 알고 나라를 위하기는 고사하고 나라재물을 도둑질 하여먹으려고 눈이 벌겋게 뒤집혀서 돌아다니는 것이 다 어려서 학문을 배우지 못한 이유라. 우리가 이것이 문명한 세상에 나서 나라에 유익하고 사회에 명예 있는 큰 사업을 혼자 하는 목적으로 만리타국에 와서 쇠공이를 갈아 바늘 만드는 성역을 가지고 공부하여 남과 같은 학문과 남과 같은 지식이 나날이 달나가는 이때에 장가를 들어서 색계상에 정신을 허비하면 유지한 대장부가 아니라.(이인직, 「혈의 누」, 『한국 신소설 전집』 1, 서울대출판부, 2003, pp.72~73.)

구완서와 옥련이가 결혼에 대해 나누는 대화는 사뭇 진지하다. 미국에 유학 올 때의 나이가 십칠 세 정도였던 구완서에게 옥련은 어찌하여 그 나이까지 '혼인'을 하지 않았느냐고 묻는다. 열두서너 살부터 장가를 들라는 부모님의 성화를 피해 미국에 유학을 온 구완서의 입에서 "젓내가 모락모락 나는" 어린아이가 장가를 가면 짐승과도 같이 "제 몸", "제 계집", "제 새끼"만 알기에 자신은 학문을 배우기 위해 조혼을 하지 않았다고 사뭇 진지한 말이 나온다. 조혼은 사람들을 일신의 안위를 위해서만 살 수 있게 만들 뿐이라는 것이 구완서의 생각이었다. 보통의 소년들이 일찍 결혼하는 것과 달리 '학문'을 위해 결혼을 하지 않았다고 어른스러운 흉내를 내는 구완서의 모습은 옥련이에게도 매력적으로 비쳐졌다. 옥련이도 '조혼'은 조선이 개량해야 할 미개한 악습이라고 생각한다.

『가정잡지』의 논설뿐만이 아니라 최찬식이나 이인직의 신소설이 전파하는 가정 상에서도 문명국가로 진입하기 위한 근대 초기의 열정이 발견된다. 거기에는 순결한 아내와 착한 누이를 등장시킴으로써 우생학적으로 안전한 가정이 무엇보다도 중요한 일이라는 것, 그리고 공부를 넉넉히 한 청년들이 많을수록 부강한 국가로 들어서는 길이 빨라진다는 시대의 절박함도 함께 묻어있었다.

가정박람회 : 모델하우스의 기원

    타워팰리스와 같은 주상복합 주택이 최근 주거문화의 화두가 되고 있듯이, 집안의 구조와 내부에 대한 관심은 예나 지금이나 변함 없다. 아파트에 입주하기도 전에 우리는 그 집의 내부구조를 알고 선택을 하는 시스템을 갖고 있다. '모델하우스'라는 편리한 시스템이 있기 때문이다. 그런 점에서 본다면 1915년의 조선의 주거는 새로운 변모를 맞게 된다. 1915년에 열린 가정박람회는 모델하우스의 효시라고 할 수 있다.

    1915년 조선 총독부는 경복궁에서 조선물산공진회를 개최하였다. 같은 시기에 『매일신보』가 주최한 가정박람회도 열렸다. 이 당시의 가정박람회에서 제시된 단어들은 당대의 열악한 현실과 대비되어 거리감을 잔뜩 부여해 주는 말에 지나지 않았다. 대부분의 지방 도시 주택들은 규모도 적고 공간 구성에 여유도 없었으며, 무엇보다 태반이 초가지붕을 덮은 것2)들이었다. 현실은 그러했는데 1915년의 조선은 가정에 관한 최초의 인식이 싹튼 해이다. 비록 그 성격은 1915년 일본에서 열린 가정박람회3)와 모습은 같지만, 가정박람회에 전시된 일본식의 가정과 서양식의 가정 사이에서 조선의 가정은 무엇을 취해야 좋은지를 비교하는 역할을 하였다.

1915년 10월 31일 폐막되기까지 두어 달 남짓 열린 조선의 가정박람회에서는 다음과 같은 감상과 질문들이 쏟아졌다. "집안에서 아무리 무엇을 개량하라고 일러도 듣지 않더니 가정박람회를 한번 보더니 과연 그렇게 하는 것이 좋다고 우리가족은 따랐노라", "가정박람회는 좋은 가정 학교이라. 가정에 대한 여러 가지 지식을 가리키는 데는 매일 좋은 학교이라", "이때까지 아이 업는 법이 위태하여 아이를 업지 못하게 하였더니 가정박람회를 보고는 거기 진열한 것이 극히 안전한즉 그와 같이 업히고자 하노라"(『매일신보』, 1915.9.17) 학교에서 배울 수 없었던 질문, 즉 집안을 어떻게 개량해야 하는지부터 심지어 아이 업는 방법까지 '가정'을 근대적으로 개량하기 위해서는 속 시원하게 답변해 줄 누군가가 필요했다. 그러니까 가정박람회는 구체적인 조언을 대신하고 있었던 셈이다.

가정 개량은 곧 국가의 기본이다

가정박람회는 '신가정'이란 무엇인지 알려주는 역할을 하였다. 당시에 집안을 전시한다는 생각은 상당히 획기적인 일이었다. 말하자면 남의 집 '대문'을 열어 그 집의 방이 몇 개인지, 그리고 방안의 물건은 무엇을 어떻게 배치하고 사는지 등에 관한 사적인 호기심을 공개적으로 해소할 수 있는 기회였다. "원래 사람의 가정이란 엿볼 수 없는 것"이며, "아무 까닭 없이 남의 가정에 함부로 들어"(『매일신보』, 1915.9.18)갈 수 없었기 때문에, 가정박람회를 기획하였다는 『매일신보』의 기사는 인간으로서 갖는 사적인 호기심과 관음증을 적당히 충족시켜준 것이다.

그러나 『매일신보』는 사적인 호기심을 자극하기에 앞서 가정박람회의 목적이 무엇인지 사람들에게 분명히 주지시키기에 바빴다. 가정박람회가 1915년 9월 11일에 열린 것을 떠올려본다면, 박람회가 열리기 한 달 전부터 『매일신보』에는 「가정박람회」라는 기획기사가 연재되고 있었다. 다음의 예에서 알 수 있듯 『매일신보』의 논조는 상당히 긍정적이다.

가정의 경제상 이익을 주장을 삼고 그 위에 취미와 즐거움을 더 하게 하고 정하는 목적인즉 다른 박람회와 같이 모든 물건을 만들어 놓아 그 물건의 우열을 보는 것으로 목적을 삼는 것이 안이라 진열하는 방법에 세밀히 주의 하며 또

출품물의 내용에 대하여도 가정박람회의 취지에 위반되지 아니하도록 할 생각인즉 만일 이 박람회를 세상에서 흔히 보는 박람회와 같이 생각하면 이는 큰 즉 특별한 의장으로 진열된 출품 중에는 일체의 가정용품을 망라한 이외에 가정 안의 방이며 아해들 기르는 모양이며 아해들의 유희장등을 만들터이니 특히 아해들의 오락장은 전문가의 고안으로 참신한 방법을 베풀어 입장 제군을 만족히 할 것이요 이와 같이 가정박람회는 어떠한 방면의 사람을 물론하고 유익하며 유쾌한 가정을 만드는 방법과 지식을 얻게하는 절호한 유일의 기관 일뿐 아니라(『매일신보』, 1915.7.28.).

조선에서 처음으로 기획되어 열리는 가정박람회를 세상에서 흔히 보는 박람회와 같이 생각하면 큰 오산이라는 신문기사의 강렬한 논조에서도 알 수 있듯이 『매일신보』의 목적은 좀더 원대한 곳에 있었다. 실제로 조선 최초의 '모델하우스'는 단순히 가정용품의 전시를 위해서 기획된 것만은 아니었다. 집안에서 아이들 기르는 방식이며, 모던 주택에 어울리는 방들의 배치를 전문가의 손길로 새로이 탄생시키겠다는 포부가 숨어있었다. 이러한 몸짓들은 '신가정'에 대한 화두를 조선에 도입하기 위한 노력이었다.

먼저 가정에 관계되는 실제 생활의 모양과 취미·위생교육이 새 시대의 '가정'과 관계되는 문제인지를 타진하는 것부터가 급선무였다. 가정을 개선하기 위한 고민들은 문명의 진보와 사회의 변천이 어우러진 가정의 실제 생활과 연관될 수밖에 없었기 때문에 그 고민은 신중했다. "옛날의 의식주와 신시대의 의식주는 다른 개념"이라는 표현은 가정 개량에 대한 절박함을 표시한다. 그리고 가정 개량에 관한 고민들이 좀더 현실적으로 받아들여져야 했음을 의미하기도 한다. "가정 개량은 시세의 요구"(『매일신보』, 1915.8.14)라는 머리기사가 지적하듯, 이는 보수주의자들까지도 팔을 걷어붙이고 나서기를 바라는 요구였다.

개화라든가 진보라는 말은 보수주의자들에게는 여전히 불편한 단어지만, 가정을 개량하여 다 같이 잘 살아보자는 인식은 누구에게나 확고했다. "건전한 국가, 건전한 가정"(『매일신보』, 1915.8.24)이라는 제목으로 가정박람회의 목적을 홍보하는 기사를 살펴보면, 이에 대해 보다 자세히 알 수 있다. 미약한 개인이 서로 모여 강대한 국가를 이룬다는 것, 그리고 이것이 국가의 강약에 큰 영향을 미칠 수 있다는 생각이 팽배해 있었기 때문에 남녀노소가 가정박람회에 가서 '건전한 가정'이 무엇인지 보고 배워야 한다는 주장은 상당히 설득력이 있었다. 이른바 '가정 만들기' 프로젝트에 온 국민이 동참해 줄 것을 요구하는 지점이기도 하다.

개화기의 가정부흥론은 1970년대 새마을 운동의 성격과 유사하다. 새마을 운동은 '잘 살아보세'라는 구호를 대대적으로 내세운다. 이는 곧 내 가정과 국가가 한 몸임을 가르치는 과정이었다. '선진 한국의 기틀', '세계 속의 한국 창조', '조국 근대화를 위한 새로운 활력소', '내일을 창조하는 선구자'와 같은 표어들은 1970년대의 포문을 열면서 가정의 가치를 사람들에게 새롭게 각인시킨 의미 있는 캠페인이었을 뿐만 아니라 배고픔에 대한 공포 대신 '할 수 있다'라는 자신감을 국민에게 심어주었다. 가정 박람회가 열리기 한 달 전의 『매일신보』의 모습도 이와 같았다. 남녀노소, 보수와 진보 사이의 벽을 깨뜨리기 위해 "가정개량은 곧 시세의 요구"라는 절박한 표현이 자주 등장한 것도 이 때문이다.

가정박람회 : 조선의 중류가정을 통해 이상향을 제시하다

'행복이 가득한 집'은 단지 오늘날의 잡지명만이 아니다. 가정에 화평이 있어야 주변이 평안하다는 생각은 조선시대 유교의 원리로서 오랫동안 군림해 왔지만, 1915년 당시의 '가정'이란 용어는 전대의 원칙과 계속 충돌하는 단어였다. 행복한 가정 만들기에 대한 욕망이 꿈틀거리기 시작한 것도 이즈음이다. 전대의 가정과 당시 가정의 개념이 혼용되었기 때문에, 신가정에 대한 혼란은 가중될 수밖에 없었다. 다음 기사에서도 알 수 있듯이, 이미 '가정'이란 단어는 유교가 고집했던 '수신제가 치국평천하'의 원리와는 다른 방식의 언어였다.

> 동양의 가정은 부모 본위요 서양의 가정은 부부본위라고
> 도 말하겠고 또 동양은 예법, 의리, 가풍, 명예, 부자, 정훈

을 존중하나 서양에서는 부부의 정애, 흥미, 편리, 경제 등을 위주로 하니 동양가정과 서양가정은 근본적으로 다른 것이라 이 신구의 서로 다른 점은 극히 신중히 연구하지 않으면 뜻밖에 일이 생길 염려가 있고 (하략) (「신중(愼重)히 연구한 가정문제」, 『매일신보』, 1915.9.22)

이 글은 동양의 가정관을 처음으로 언급한 당시의 글이다. '가정이라는 말이 시작된 연유'라는 부제가 붙어있는 이 기사는 동양의 가정은 부모 위주로 발전되어 왔고, 서양은 부부 중심의 가정이라는 점을 명확히 인식하고 있다. 예절이나 의리와 같은 도리의 측면에서 동양의 가정이 운위되었던 반면에 서양의 가정은 부부의 정의와 흥미, 그리고 경제가 위주라는 지적이다. 서양의 '가정'관이 유입되기 시작하면서 추상적 법칙에 의해 지배되던 가정이 이제 흥미와 편리를 추구하기 위한 곳으로 인식되고 있음을 알 수 있는 자료이다.

"가정박람회가 개최되어 가정생활에 대해 실물적 교훈에 겸하여 취미와 오락을 관람자에게 이바지함은 실로 시기에 적당한 좋은 일로 내가 간청하는 대로 맡겨 총재가 되기를 허락한 바이라"라는 표현에서도 알 수 있듯 조선에서도 가정생활에 취미와 오락이 필요하다는 인식이 싹트고 있었다. 가정을 개량하기 위해서는 정신적 사치도 필요하다는 주장이기도 하였다. 『매일신보』는 연이어 유쾌한 가정이 과연 가능한 것인지, 그리고 우리가 현재 생활하는 이 가정이 어떠한 방식으로 개선되어야 하는지에 대한 답을 가정박람회에서 찾고자 하였다. 그리고 신시대에 어울리는 적당한 가정의 모습을 제시하는 것이 우선 급했다.

　　가정에 관계되는 실제 생활의 모양이며 취미 오락의 방면이며 위생 교육까지라도 새 시대의 가정에 관계되는 문제를 실지로 설명하며 혹은 연구하고자 하는 이 일이 얼마나 취미가 많을지 생각하기까지에도 갈 것이 없습니다. 문명의 진보를 따르며 사회의 변천을 따라 가정의 실제생활과 관계되는 문제는 더욱더욱 복잡하게 되었습니다. 어떠한 집에 살지 어떠한 음식을 먹는지 어떠한 의복을 입을지 말하자면 가정에 생길 문제는 옛날과 일반으로 역시 의·식·주 세 가지의 문제를 중심으로 하는 것이나 옛 시대의 의식주와 새 시대 의식주와는 자연히 다른 점이 있습니다. 그럼으로 이 시대에 적당한 가정과 밋가정의 생활은 이론으로만 말하지 안이하고 이를 실제에 눈으로 보아서 연구하도록 하는 것이 본사의 가정박람회 입니다. 본사가 조선 물산공진회의 개최되는 기회를 이용하여 그 기간 안에 가정박람회를 열고 내지와 조선도는 신문과 가정의 밀접한 관계를 도모하고자(『매일신보』, 1915.8.11).

이론의 눈이 아니라 실제의 눈이라는 것은 생활의 전시가 필요함을 말한다. 어떠한 집에 살고 어떠한 음식을 먹고 어떠한 의복을 입는지 사람들은 궁금해 했다. 옛날의 의식주와 현대의 의식주가 엄연히 달라지고 있었는데 그 누구도 변화하는 실상이 무엇인지 알지 못했다. 말하자면 현대의 가정이 무엇인지에 대해서 궁금증을 풀어 줄 공개적인 질문 장소가 필요했었다. 훗날의 이광수가 지적하였듯, '라이프스타일'이 변모하는 시대에 진입한 만큼 새 시대의 가정을 눈으로 보고 느끼고 배우는 것이 우선이었다. 생활의 정도에 따라 삶의 패턴의 기준이 달라질 수밖에 없었는데, 부부 중심의 가정이 '건전한 가정의 모형'으로 등장하기 시작한 것도 이 즈음이다. 『매일신보』는 조선의 중류가정을 통해 그 방법을 제시한다.

가정박람회에서 내지 사람의 모범될 중류가정의 모양을 진열하여 일반의 관람에 이바지 하고자하는 목적이 도달한 것으로 다행히 이에서 더할 바 없을 줄로 생각합니다. 이호관에 진열된 주부실은 세평으로 살림살이를 주장하는 부인의 처소이라. 주부의 필요한 물건이 모두 구비하여 있고 중년의 주부와 아이의 인형이 있습니다. 두 평반의 부엌은 어디까지든지 실제로 쓰기 적당하도록 되어있습니다. 양로실은 살림살이에 상관없는 노인의 처소로 역시 세 평인데 아담한 취미가 있고 만사가 종용하게 지은 것이요, 인물은 두 늙은 부인이 차를 권하는 것이올시다. 하녀실은 두 평반으로 사람은 둘이올시다. 이러한 처소는 모두 주위에 화려한 장식 또는 배면의 경치와 함께 진열관 안에 유명한 것이 되어 이로부터 아무쪼록 재미있는 새로운 가정을 꾸며 보고자

하는 신사숙녀의 좋은 참고가 될 것은 말씀하기까지도 필요
가 없습니다(『매일신보』, 1915.8.21).

가정박람회에 등장한 모형 주택을 설계한 건축가는 "가정
은 항상 가옥을 따라가지 않을 수 없다"는 신념을 가지고 있
었던 것 같다. 가정은 즐거움을 주는 곳이며, 가정이 유쾌한
이유와 유쾌하지 못한 이유가 가옥 구조에 스며 있다는 것이
그 이유이다. 가정박람회에 전시된 중류 가정은 양로실과 주
부실, 하녀실 그리고 부엌이 딸린 집으로 꾸며졌다. 이른바 모
던 주택이 등장한 것으로 양로실, 주부실, 하녀실까지 건축 설
계에 참조되었다. 즉, 조선의 구식 가옥과는 전혀 다른 모던
주택이 행복한 가정의 척도로 등장한 것이다.

기존의 조선의 구식 가옥은 원만하고 단란한 가정을 꾸리
고 나가기에는 어딘가 불편한 것이었다. 방이 협소하고 그 개
수가 부족하며 벽이 많아서 가족이 재미있게 살기 위해서는
그 조건이 많이 부족하였다. 따라서 가족의 명수에 따라 할아
버지 방에서부터 아이 방까지 모두 짓는다면 개인의 취미생활
까지 고려한 단란한 집구성이 되리라는 기대가 엿보인다.

주부실은 우선 세 평으로 설계하였다. 살림살이하는 주부의
처소이자 주부의 필요한 물건을 구비하기에는 세 평 정도가
적당하였던 것이다. 노인을 모실 양로실 역시 세 평의 공간으
로 꾸며졌는데 아담한 취미가 있고 차를 마시기에 적당한 공
간이었다. 주부실과 양로실이 생긴 것은 주부와 노인에 대한

배려로 인해 탄생한 새로운 개념이다. 모던한 주거 양식은 생활의 편리와 더불어 가족 개개인의 행복을 위한 도구가 되기 위한 발판이 되었다. 이와 같이 가정박람회의 역할은 가정을 편리하게 할 주택개량과 부엌개량을 통해 편리한 가정이 곧 유쾌한 가정임을 말해주고 있다.

일상적인 가정생활을 전시함으로써 경제적인 이유만이 아닌 취미와 오락의 기능을 겸해서 가정박람회가 열린다고 밝혀두었다. 아울러 부인만을 대상으로 한 것이 아니라 모든 사람을 대상으로 한다고 했지만, 사실상 가정박람회의 실질적인 관람객은 부인네들이었다.

우리가 쓸 방의 이름을 불러다오 : 주부실, 아동실, 노인실 등장

1915년 9월 11일, 마침내 가정박람회의 막이 올랐다. 개최 시간은 매일 오전 아홉시에서 오후 다섯 시, 입장료는 평일에 십 전, 일요일과 첫날은 이십 전이었다. 『매일신보』가 가정박람회에 쏟은 노력은 상당히 지대하였다. 주최측인 『매일신보』는 신문을 구독하는 독자들에게는 개최한 날로부터 삼 일까지는 무료로 볼 수 있는 우대권을 나눠 주었고, 가정박람회장 밖에는 정원과 오락장을 만들어 놓았다. 휴게소와 매점에서는 맥주나 사이다 같은 음료와 전시 물품을 팔았다. 회의에 참석한 임원을 위한 귀빈실이 마련되기도 하였으며, 안내를 위해 행사 진행요원이 곳곳에 배치되었다. 이는 노인과 아이들에게 친절한 설명을 해주기 위해서였다. 뿐만 아니라 박람회의 입장은 몇 시간 동안의 '여흥'도 함께 제공하였다(『매일신보』, 1915.10.2). 재담꾼 박춘자가 재미있는 익살과 노래 솜씨를 선 보였고, 경성 제일의 홍도와 산홍의 가곡 경연이 이루어졌다. 세 명창의 노래를 한꺼번에 듣는 일은 결코 흔치 않는 일이었다.

『매일신보』의 세심한 배려는 사람들의 관심을 불러 모으기에 충분하였다. 이러한 노력으로 박람회의 관람시간은 야간시간대까지 연장되었으며, 입장료도 할인되었다(1915.9.18). 개장 일주일만에 '야간박람회'를 열어야 할 정도로 가정박람회는 호황을 맞았다. 야간 개장의 목적은 낮에 시간이 없어 잠깐밖에 볼 수 없는 사람들은 밤에 천천히 보고, 또 여럿이 와서 전시회를 즐기라는 것이 그 취지였다. 특히 밤에는 채색이 화려한 높은 탑을 각 전시관에 진열하였다. 화원에는 오백 촉광이나 되는 아크등의 불을 밝혀서 전시에 차질이 없도록 하였다.

이와 같이 가정박람회가 야간개장까지 하게 된 이유는 다름 아닌 '부인네'들의 역할이 컸다. "집안 살림에 분주하여 나올 틈이 없는 고로 저녁에 나와서 구경하실" 부인들을 위해 가정박람회의 시간을 열한시까지 연장해야만 했다. '부인네'들의 지지에 힘입어 가정박람회는 연일 성황을 이루고 있었던 것이다.

부인들은 가정박람회의 '주축'이 되어 새로운 볼거리들을 배워나갔다. 장래의 아내와 어머니가 될 진명여학교의 여학생들이 단체 관람하여 가정박람회를 빛냈다는 이야기(1915.9.18)며, 조선에 파견된 남편을 따라온 일본 귀족의 부인들과 이완용의 부인까지 박람회장을 찾아와서 전시된 물품을 보고 극찬했다는 이야기가 신문 지상에 보도되었다. 관람객의 대부분은 부인네들 아니면 규수들이었던 것이다.

유명인사의 방문은 좋은 기사거리였다. 그들의 일거수일투족을 인용하면서 '갈수록 성황인 가정박람회'라는 표현을 즐겨 썼다. 가정박람회의 기획이 성공했다는 것을 알리는 것이 무엇보다 중요했다. 그리고 이들의 사진과 함께 덧붙여진 자극적인 신문 제목들은 부인들의 호기심을 자극하여 너도 나도 그 발길을 박람회장으로 향하게 하였다. 아침 아홉 시부터 수많은 인파가 몰려들었다.

덕수궁의 궁녀들도 가정박람회에 참석하기 위해 아침 일찍 서둘러 궁을 나섰다(『매일신보』, 1915.10.13). 신문에 인용된 "서상궁, 박상궁, 김상궁"은 비록 이름 없는 궁녀였지만, 이들의 참석만으로도 가정 박람회의 분위기는 고무되었다. 평생 가정을 꾸려볼 일이 없는 궁 안에만 갇혀 있는 궁녀들에게도 가정박람회는 커다란 호기심꺼리였다. 큰 상궁의 손을 잡고 참석한 일곱 살 된 어린 궁녀는 가정박람회장 곳곳에 배치된 물건들이 마냥 신기했던 모양이었다. 『매일신보』는 이들의 표정을 놓치지 않고 기사화했다. 가정박람회에 참석한 한 열성적 부인은 기자의 눈에 다음과 같이 포착되었다.

그중에도 어떤 부인은 열심히 기계 밑에 바싹 들어서서 어떻게 기계를 쓰며 어떻게 손 놀리는 것을 배우고자 유희하는 이도 많더라(『매일신보』, 1915.9.14).

기계를 직접 손으로 만져보는 것만큼 만족스러운 일이 있을까? 가정박람회에서는 전시관에 모형을 만들어 직접 가정생활에 실질적인 이익이 될 만한 전시를 시도하였다. 특히 주부들의 눈을 끌었던 것은 제1호관에 위치한 주부실이었다. '주부실'은 새로운 개념이었다. 조선의 구식 가옥을 떠올려보자. '주부실'이 부여하는 명칭은 안방, 건넌방, 대청, 마루, 부엌, 사랑방이 주는 느낌과는 전혀 달랐다. 주부실은 그 방을 쓰는 주인인 '주부'의 고유성을 인식해야만 탄생되는 개념이었다. 그만큼 그 곳에서 무엇을 어떻게 하고 살아야 할지 사람들의 궁금증을 자아낼 수밖에 없었다.

가정박람회는 이 박람회의 타겟을 누구로 삼아야 할지를 아주 분명히 알고 있었는데, 그 증거로 제1호관에 '주부실'을 배치한 것을 들 수 있다. 주부실은 일본의 중류가정을 표본으로 하였다. 다음의 기사는 주부실을 관람할 때 특히 주의할 점을 적어놓은 것이다.

첫째 주의하여 볼 것은 일본사람의 중등 정도 되는 살림살이는 어떻게 배포를 하는가. 둘째는 일본 가정의 주부실이 조선가정의 안방보다 얼마나 청결 한가 유심한일이라 주부의 치부라든지 기타 편지를 쓰기위하여 항상 문방상은 머리맡에 놓여있고 학교에 갔다 온 아이를 앞에 앉히고 그 어머니가 복습을 식히는 모양이요 손님이 오면 대접하기 위하여 항상 정결한 방석을 준비해 놓은 모양 조선가정의 안방보다는 매우 정돈 되였음을 알 수 있을 것이요(『매일신보』, 1915.9.17).

일본 가정의 주부실이 조선 가정의 주부실보다 청결하다는 것을 앞세운 글이다. 아이의 공부를 돌봐주기 위해 방문 앞에는 문방도구를 갖춘 상을 놓았으며, 손님을 위한 방석이 늘 정결하게 준비되어 있었다. 주부실이라는 이름이 붙어있긴 했지만, 주부 중심의 방이라기보다는 가족과 손님을 맞기 위한 방이었다. 그러나 이 방은 세 평 남짓의 '주부실'을 들여놓음으로써 가정 내에서 독립된 주부의 공간이 필요함을 역설하였다. 아이를 위한 '소아방'과 노인을 위한 '노인실'이 등장한 것도 이러한 연유에서 마련한 것이다. 소아방은 "규모 있게 놀고 공부하며 절도 있게 생활하는 법을 자연히 깨닫게 하기 위해" 아이들이 쓰는 방을 세 칸으로 나누어야 한다는 주장이 실렸다. 노인실은 왕래에 편하도록 뒷간을 방의 곁에 지었다는 점을 강점으로 내세우고 있다.

개인 소유의 방을 갖는 것이 모던한 중류 가정의 척도가 되었음을 의미한다. 이는 한 방안에 모여 집단적인 생활을 했던 구 가옥제도와 비교하여, 가족들이 함께 영위하는 주거 형태를 그대로 유지하면서도 가족 내부 간의 '독립'이 중요함을 잘 말해주는 대목이다. 방의 분할은 자연스럽게 가족 간의 분리를 의도한다. 혼자서 조용히 자신의 공간에서 책을 읽거나, 잠을 자고, 원하는 사람을 만날 수 있는 개인의 사생활은 곧 행복할 수 있는 권리였다. 이제 자신의 이름이 붙은 방을 갖는 것이 모던한 가정의 기준으로 자리 잡기 시작하였다.

위생의 장소 : 부엌을 개량하고 각 가정마다 진료실을 마련하자

조선의 구 가옥에서 부엌을 흔히 '정재'라고 불렀다. 아궁이에 불을 때어야만 조리가 가능했고, 식수를 공급할 우물은 집 바깥에 있어서 끼니때마다 물을 길어와 음식을 만들었다. 그릇을 담아두는 찬장은 대청의 '주인'이라는 비유가 가능했던 만큼 대청 한가운데를 차지하여 무거운 부피감을 주었다. 찬장에서 부엌에 이르는 길이만큼 동선의 활용도는 매우 낮았다. 동선의 길이가 긴만큼 구 가옥의 부엌은 여성에게 불편하고 힘든 점이 많았던 것이다. 주부들은 바삐 움직였지만, 밥 한 끼 먹기 위해 부엌에서 대청까지 상을 옮겨 나르느라 허리가 휘는 생활의 연속이었다. 이와 같은 현실에서 가정박람회에 전시된 신개념의 부엌은 사람들의 시선을 사로잡았다. 가정생활에 숨통을 트이게 할 만큼 융통성과 장점이 많은 부엌이었던 것이다.

간반쯤 되는 조그만 부엌에서 밥 짓고 반찬 만들고 상보
고 설거지하고 기타 여러 가지 음식에 당한 일은 모두 이곳
에서 만드나니 솟과 냄비와 화덕도 이곳에 있고 솟과 나무도
이곳에 두고 두주찬상을 모두 이곳에 두어도 조금도 좁지 않
고 또한 극히 정결하며 이것저것 집으러 다니느라고 딴 걸음
을 칠 까닭도 없이 아주 편하게 일을 할 수가 있으니 밥 한
끼를 지어먹으려면 모든 대청을 차지하고 찬장 두주락자가
안대청의 주인노릇을 하는 조선 가정에서는 장래 주방을 개
량하는데 참고를 할지이니(『매일신보』, 1915.9.17).

조그만 부엌에서 밥과 반찬을 만들고, 그 안에서 끼니를 해
결하며 동시에 음식물의 뒤처리까지도 완벽히 할 수 있는 부
엌은 사실상 불가능했다. 당시 상황으로는 가정박람회에 전시
된 부엌은 '꿈'의 가정을 위한 구비조건이었다. 따라서 가정박
람회의 주최측은 관람객들에게 특별히 "모든 조선 가정에서는
장래 주방을 개량하는데 대하여 비상한 참고가 될 것은 의심
없는 일이니 특별히 관객의 관심을 바란다"는 당부를 하고 있
다. 요즘과 같은 시스템키친이 당시에 있진 않았다 할지라도,
그저 주부 노동에 따라 '동선'을 배치하고 정결하게 일할 수
있는 부엌의 모형을 제시하는 것은 무엇보다 중요했다. 그러
나 아무리 좋은 찬장을 써도, 혹은 부엌의 동선 길이를 줄여도
부엌의 편리성으로만 이 모던 리빙의 가치를 말하기엔 어딘가
부족하다.

가정박람회에서 부엌의 개량을 유독 강조했던 이유는 '정결'한 부엌이야말로 가정의 개량 수준을 말할 수 있는 척도였기 때문이다. 부엌은 물과 늘 연결된다. 잘 관리된 물로 만든 음식물은 건강한 몸을 만들지만, 관리되지 못한 물은 병균과 늘 공존한다. '정결'한 부엌은 곧 '위생'과 관련된다. 청결이 우선인 부엌의 역할은 다음과 같은 모호한 유토피아의 공간을 가옥 구조의 내부에 도입하였다.

재봉한 진열도 많이 있고 재봉기계를 실제로 사용하여 구경도 하시게 합니다. 특별진열실에 가정의 의약치료기계를 진열한 처소에는 입장하신 관람자중에 급한 병자가 생겼을 때에 치료를 하라고 시원희장 씨가 종일 있습니다(『매일신보』, 1915.9.15).

특별히 마련된 진열실에는 가정의약치료기계가 있다. 요새도 의료기계가 한두 대씩 있는 집이 있긴 하지만, 본격적인 '치료실'이 주택 내부에 구비되어 있는 모습은 근대적인 가정에 대한 당시의 희망이 극대화된 풍경이다. 말하자면 집안 내부에 환자를 치료할 병원과 요양실이 있어야 한다는 것으로, 아픈 사람을 위한 깨끗한 공간이 가까이 있길 바라는 소원을 표출한 것으로 이해할 수 있다. 당시 조선의 위생 수준에 대한 암담한 인식에 대한 반영이라고 할 수도 있다.

이와 같이 1915년의 가정박람회는 이상적인 가정의 모습을 제시하고 있다. 생활과 라이프스타일이 개선되어야 보다 행복한 가정이 될 수 있을 것이라고 목도리를 높였지만, 실제 조선에서 이러한 변화는 이보다 수십 년이 지난 1930년대에 들어서부터 조금씩 실현되기 시작했다.

신계급의 등장과 함께 이루어진 문화생활

문화촌

  1921년 『개벽』지에서 주도한 문화운동은 주택개량운동의 모태가 되었다. 이른바 의식주를 개량해야 한다는 것, 그 중에서 주택문제는 보다 시급하다는 것을 주요 골자로 하고 있다(박달성, 「신년개량의 제일착으로 조선의 의식주를 거하노라」, 『개벽』 7, 1921.1). 음하고 습한 조선의 가옥은 개혁되어야 할 첫 번째 대상이었다. 어떤 서양인이 지나가다가 조선의 가옥을 보고 "거기에도 사람이 사느냐"라고 물었다고 한다. 다 쓰러져가는 집, 이것이 바로 서양인들이 조선의 가옥을 바라보는 시선이었다. 가정개량을 주장하는 이들은 구식 가옥을 보며

"떡메를 들어 모두 다 때려 붓고 싶다"며 울분을 토로하였다. 그 울분은 현실적인 대안에 대한 목마름이 숨어 있었다. 일찍이 가정박람회에서도 주택의 모형을 제시하긴 하였지만, 현실적인 반성과 어우러지지 않았던 일종의 이상적인 대안이었기 때문에, 구체적인 해결책들이 미비했다.

가옥을 개량하기 위한 구체적인 방안들은 다음과 같이 제시되었다. 공기가 맑고 수해가 없는 곳에 집터를 삼으며, 흙을 덜 사용하고 돌과 나무로 집을 지으며, 뜰을 멀리하고 대문을 크게 하며, 뒷간을 멀리 하는 등의 건축적 지식을 동원하였다. 아울러 부모 형제와 단란하게 생활하기 위하여 문과 문을 배치할 것, 객실과 서재 및 병실을 배치해야 할 것 등과 같이 주거 문화에 '사생활'이 도입되어야 함을 역설하였다.

1923년 『개벽』에 실린 김유방의 「문화생활과 주택- 쇄국시대(鎖國時代)에 언급된 우리의 주택제(住宅制)」(1923.2~4)는 바로 이와 같은 관심을 잘 보여준다. 조선에 도입할 주택은 바로 영국식 주택이라는 것, 그리고 이것이 문화주택의 표본이 되었

이상적인 문화주택의 표본.

다. '문화주택'은 '경성주택'이라고 불리기도 하였다. 문화주택의 방들은 방 앞에 고유의 이름이 붙여져 있다. 단순히 마루나 큰방, 작은방이 아닌, 식기방, 서재, 화장실, 수면실, 침실, 욕실, 흡연실, 객실, 지하실, 냉동실 등이 그것이며, 건축 도면을 보면 방의 역할을 짐작할 수 있듯이, 각 방의 배치는 사적 영역을 흡수하는 중요한 구실을 하였다.

문화주택에 대한 논의들을 거치고 나서야, 바야흐로 1930년대의 경성은 계획도시에 진입한다. 「대경성의 특수촌」(『별건곤』, 1929.9)이라는 기사를 보면 경성을 문화촌, 빈민촌, 서양인촌, 중국인촌, 공업촌, 노동촌, 기생촌 등으로 나누고 있다. 문화주택이 '문화'라는 이름으로 갑자기 대두된 것은 새로운 직업군이 등장4)한 것과 관련이 있다. 즉, 월급쟁이와 회사원들이 모여 사는, 문화주택이 밀집된 동네를 문화촌이라고 부르기 시작한 것이다.

그러면 조선 사람만이 모여서 문화생활을 하고 있는 소위 문화촌은 어디냐 동소문안 근방을 칠까. 그러나 문화생활이라고 반드시 양옥을 짓고 위에서 말한 것 같은 그러한 생활이 문화생활이라고만 할 수는 없다. 한가초옥에 들어앉아 있더라도 조선 재래의 가족제도에서 벗어나 팥밥에 된장을 쪄서 먹더라도 재미있고 화락한 생활을 하는 것을 문화생활이라고 하기에 넉넉하다. 동소문안 근방을 문화촌이라기에는 얼른 보아서 너무 쓸쓸하다. 그러나 그들의 살림은 대개가 간단하고도 정결하다. 대개가 회사원이거나 그 외 타 여러 곳에 월급쟁이로 다니는 사람이 많고 식자급의 사람 들이 한적한 곳을 찾아 그 근방에 새로이 주택을 짓고 간편 하고 깨끗한 살림을 하고 있다. 아직은 전부랄 수가 없으나 앞으로는 그 근방은 교통도 더 편리해지면 조선 사람의 문화 촌으로 이곳 밖에는 없고 다른 좋은 곳들은 다 빼앗겼다.

요새도 재벌이 주인공인 드라마를 보면 흔히 집안의 안주 인이나 가정부가 전화를 받을 때 "예, 성북동입니다"라고 하 거나 "평창동인데요", "한남동이예요"라고 말하는 모습을 쉽 게 볼 수 있다. 성북동이나 평창동, 한남동이 소위 재벌들이 사는 동네임을 드러내는 수사적인 표현이다.

문화촌은 예술가나 은행가와 같은 화이트칼라들이 모여 사 는 동네를 가리키는 말이다. 동소문동은 문화주택이 많아서 문화촌이라는 별칭을 갖게 되었는데, 문화주택에 사는 사람들 은 보통 신식양옥을 짓고 피아노와 독창소리를 들으며, 물질 적으로는 밴드 소리가 나오는 유성기와 라디오를 구비해 놓고 듣는다. 날마다 양식을 먹는 것, 이것도 대략 '문화촌'의 조건 이라고 할 수 있다.

최서해의 소설 「탈출기」에 나타난 주인공들처럼 조선의 극 심한 주택난과 식량난을 피해 간도나 만주로 이민 아닌 이민 을 가는 인물들도 많았지만, 어느 시대나 부르주아들은 그들 의 화려한 삶을 향유하기 마련이었다. 임화는 그의 시 「골프장」(『조선중앙일보』, 1935.8.4)에서 부르주아에 대해서 격렬한 비판을 하였다. 그러나 베이비 골프를 즐기며, 방안에서 라디오와 축음기를 즐기는 세대들의 등장은 새로운 문화적 기표였다. 그리고 이들의 감수성과 안목도 동시에 확장되고 있었다. 식민지 시대에 등장한 신-중간층은 새로이 근대를 재편하였다. 이들의 삶은 보이는 시선과 보여지는 시선, 그리고 그들이 바라보는 삶을 일상의 습속으로 가져와 사람들의 시선을 즐김으로써 근대를 경험하였다.

소설 속에는 이와 같은 이미지의 문화주택이 종종 등장한다. 이효석의 『화분』에 나오는 푸른 집뿐만 아니라 유진오의 『화상보』, 김남천의 『사랑의 수족관』·「낭비」에 나오는 집들이 바로 그 예이다. 새로운 중간층에 해당되는 대량의 화이트칼라들이 사는 문화주택은 이효석 소설 『화분』의 처음을 장식하기도 한다.

오월을 잡아들면 온통 녹음속에 싸여 집안은 푸른 동산으로 변한다. 삼십평에 남는 뜰안에 나무와 화초가 무르녹을 뿐 아니라 사면 벽을 둘러싼 담장으로 해서 붉은 벽돌 굴뚝만을 남겨놓고 집 전체가 새파란 치장으로 나타난다. 모습부터가 보통 문화주택과는 달라 남쪽을 향해 엇비슷하게 선 방향이며 현관 앞으로 비스듬히 뻗친 차양이며 그 차양을 고이고 있는 푸른 기둥이며─ 모든 자태가 거리에서는 볼 수 없는 마치 피서지 산비탈에 외따로 서 있는 사치한 산장의 모양이다. 현관 앞에 선 사시나무와 자작나무도 깊은 산속의 것이라면, 뜰을 십자로 갈라놓은 하야얀 지름길도 바로가 산장의 것이다. 생명력의 표징인 듯도 한 담장이는 창 기슭을 더듬어 오르고 현관을 둘러싸고 발그스름한 햇순이 집안까지를 엿보게 되는 – 온전한 집이라기보다는 풀 속에 풀로 결어 놓은 한 채의 초막이라는 감이 있다. 원체 집들이 듬성한 주택지대인지라 초목 속에 싸인 그 푸른 집은 이웃과는 동떨어지게 조용하고 한적하게 보인다. 한편으로 도회의 거리를 멀리 바라볼 뿐 뒤와 옆으로 모란봉의 가까운 자태가 솟아 울창한 산기슭에 달이나 비낄 때에는 그곳이 도회의 한 귀퉁이가 아니라 짜장 산속의 한 모퉁이인 듯한 느낌이 난다.

삼십 평의 뜰 안에 온갖 나무와 화초가 있는 집, 사면 벽을 둘러싼 담장은 여느 집들과 다른 거리감을 준다. 집들이 듬성한 주택지대에 자리잡은 이 집은, 집 앞으로는 도회지가 바라보이고, 그 뒤로는 산이 감싸고 있어서, 도회지 가운데에 자리잡은 주택이 아닌 산 속에 있는 집과 같이 고요하고 한적한 느낌을 준다고 묘사되어 있다. 이들이 사는 집은 잡지에 전시된 최신형의 감각을 그대로 재현한 것이다.

문화생활에 대한 강박 관념

그럼 언닌 무엇으로 그걸 판단하는 기준을 삼우?

경희는 서슴지 않고 단한마디에 대답한다.

인테리젠스!

인테리젠스? 하고 입속으로 씹어보면서 애덕이가 얼굴을 수그릴 때에 경희는 두 눈을 반짝거리면서 금박 낯빛에 홍조를 띄운다.

그래 인테리젠스다 나는 이게 제일 중요한줄 안다. 그리고 이거야 말로 동물과 청년과를 구별하는 유일의 기준이라고 생각한다(「세기의 화문」 1, 『여성』, 1938.3, p.72).

소설 「세기의 화문」의 한 대목이다. 여주인공 이경희는 얼굴도 못본 △△신문사 기자 송현도의 지극한 관심을 받는다. 송현도는 이경희를 '문학적 교양'이 있는 여인이라고 생각하며, 그녀는 이미 송현도에게 '지적흥미'의 대상이 되었다. 이경희도 마찬가지로 '인텔리'라고 할 수 있는 송현도가 더할 나위없이 매력적이다. 이경희의 친구 하애덕도 송현도에게 반했는데, 그 이유는 그가 지적이기 때문이다. 이 소설은 두 여자와 한 남자 사이에 벌어지는 화려한 연애담을 다룬다. 누가 더 어떠한 '교양'이 있는지, 서로의 시기에서 비롯된 연애담을 펼쳐 보인다. 이처럼 1930년대의 작가들은 소설의 주인공을 재력과 교양이 있는 인물들로 그려내고 있는 것이다.

1930년대 후반 김남천의 소설에 등장하는 인물들은 상당한 재력을 배경으로 삼아, 교양과 지식에 있어서 적어도 대학원 이상의 교육을 받은 자들이다. 「낭비」(『인문평론』, 1940.2~1941.2)

의 이관형은 제국대학 영문과를 졸업하고 강사 채용 논문을 작성하는 인물로 등장한다. 동생 이관국은 경도 삼고 삼학년 생, 그리고 여동생 이관덕은 이화여전을 거쳐 동경에서 동경 음악학교를 나온 인물이며, 이관형이 사모하는 김연 역시 이화여전 가사과를 다니고 있다. 그리고 이밖에 등장하는 동양 은행 본점 지배인, 청의양장점 마담, 영화사 중역, 전문학교 경제과 교수의 부인. 이들의 모습은 김남천의 다른 소설(「세기의 화문」, 『사랑의 수족관』)에서도 어김없이 등장하는 인물군 상이라고 할 수 있다. 이들이 사는 곳은 단연 '문화주택'이다. 그리고 여름에는 원산 해수욕장 근처의 별장을 일본인과 동시에 임대하여 휴가를 보낸다. 한마디로 이들은 재력과 교양 그리고 세련됨의 세 박자를 갖추고 있는 문화주택의 주인자격이 있는 사람들이다.

서예나 다도와 같은 취미생활을 할 여력이 있는지, 피아노나 축음기와 같은 문화생활을 즐길 줄 아는 지, 이것도 역시 '문화주택'에 사는 인물을 측정하는 기준이다. 따라서 당시 스타 대접을 받았던 문인[5]들은 대중에게 그들의 색다른 문화체험을 들려줌으로써 문화생활이란 어떠한 것인지 알려주는 역할을 하였다.

구체적인 모습으로 한 문인 좌담회(「무궤도 취미 좌담회」, 『여성』, 1939.3, pp.20~25)의 풍경을 살펴보자. 조선일보 사옥의 한 응접실에 마련된 이 좌담회는 문인들의 '취미'에 대해 논하는 자리였다. 이 자리에는 박인덕, 이갑주, 이극노, 김성진

등의 출판인들과 이헌구, 노자영, 계용묵과 같은 문인들이 모여 있었다. 이들은 서양과 동양의 도덕관념이 서로 다르다는 것을 지적한다. 독일의 부부들은 아이 혼자만 집에다 놔두고 둘이 여행을 떠난다는 것, '타임스-스퀘어 광장'의 출입문은 자동식이라 제시간에 들고 나지 않으면 부상을 당한다는 것, 빅토리아 사람들의 정조관념과 캔자스 대학원에서 처음으로 배워본 '딴쓰' 등을 주로 언급하였다. 그리고 여기에 참석한 대다수 사람들이 외금강에 스키를 타러 가봤으며, 일본 유학 시절에 등산한 얘기와 비행기 타본 이야기 등으로 자신의 취미생활에 대해 이야기한다.

이 좌담회의 서두에서 노자영은 문인들의 취미 좌담회가 일반사회에 교훈이 된다고 서두를 열고 있다. 일견 잡다해 보이는 문인들의 취미생활을 좌담회의 화제로 삼은 이유는 이들의 모습이 대중들에게는 "일반 사회에게 교훈이 되고 유익할 만한 이야기"로 비춰졌기 때문이다. 신인류의 탄생으로 말미암아 누가 어떤 방식의 취미와 교양을 쌓는가 하는 것이 화두였던 것이다. 그리고 비록 이것이 사소한 취미일지언정, 취미와 결부된 사생활은 대중의 호기심을 자극하였다.

스위트 홈의 감각, 행복의 유행

여성 잡지의 확대와 가정학의 등장

"어떻게 하면 이상적 가정을 이루고 이상적 생활을 해볼
꼬?" 이것은 지금 우리청년남녀가 다 각각 가진 생각이다.
이미 혼인이 된 남녀거나 아직 혼인이 못된 남녀거나 지식
이 있는 남녀거나 지식이 없는 남녀거나 돈이 있는 남녀거
나 대체로 젊은이들을 이 생각이 없는 이가 별로 없을 것이
다. "어떻게 하면 이상적 가정을 이루어놓고 한평생 재미있
게 살아볼까?"(박달성, 「내가 생각하는 가정과 생활」, 『신여
성』, 1924.8)

1920년대에는 문예 동인지가 속속 창간되었다. 『부인』이나 『신여성』과 같은 여성지가 발간된 것도 이 즈음이다. 1906년에 발행된 『가정잡지』는 발행 시기가 짧아 그 시대를 대변하는 목소리를 내기에 부족한 감이 있었다면, 1920년대에 발행된 『신여성』은 1930년대의 『여성』이나 『신가정』과 같은 여성 잡지를 위한 교두보가 된다.

이 당시 무수한 소문과 '담론'의 중심에 서있던 신여성은 선구적 개인의 출현일 뿐 아니라 하나의 시대적 현상이자 새로운 사회세력이었다. 일제시대에 새로이 탄생된 신여성들은 종로 거리를 스카프와 단발머리를 하고 거침없이 활보하였다. 일찍 결혼한 남성들은 자신의 조강지처를 버리고서라도 신여성과 연애 한번 해보기를 원했다. 그런 만큼 이들을 향한 비난의 시선도 만만치 않았다. 실제로 나혜석은 최린과의 스캔들로 사회에서 매장을 당하기도 했다. 무수한 소문과 '담론'의 중심에 서있던 신여성은 선구적 개인의 출현일 뿐 아니라, 하나의 시대적인 현상이자, 새로운 사회세력으로 등장하였다. 사회적으로 주목을 받았던 '신여성'들은 『신여성』지를 읽으며 현모양처가 되는 법이나 행복한 가정생활에 대한 정보를 얻었다. 『별건곤』, 『여성』, 『신여성』, 『신가정』과 같이 취미생활을 위한 잡지들도 속속 등장하여 '가정생활'과 관련된 주제들을 잔뜩 풀어 놓았다.

이즈음 가정에 대해 인식이 높아진 것은 집안의 가정 분위기가 사회 활동에 영향을 미치는데다가, 가정의 행복을 찾아

가기 위한 구체적인 원천이 무엇인지에 관한 물음들이 연이어 터져 나왔기 때문이다. 잡지 『어린이』를 창간하고 아동문학가로 이름이 높인 방정환은 조선의 가정 분위기를 "하루종일 직무에 충실하느라 피곤해가지고 돌아와서 즐거운 속에 편안히 쉴 수 있는 재미있는 가정이 아니라 커다란 객주집"(『신여성』, 1931.4)과 같다는 지적을 하였다. 방정환은 하루 종일 고단하게 일을 하고도 쉼터가 되지 못하는 조선의 가정을 '여관'에 비유한 것이다. 다음은 한 샐러리맨의 고백이다.

> 가정적 기분이란 것을 해석하기 위하여 좀더 자세한 이야기를 쓰겠습니다. 그는 회사에서 집으로 돌아갈 때마다 가정에서 누릴 수 있는 휴식, 위안, 즐거움 등을 생각한다고 합니다. 그의 피곤한 몸은 자연히 이런 것들을 요구할 수밖에 없는 것입니다. 그러나 그는 가정에서 종용한 시간을 가질 수 없고 가족으로 더불어 웃고 즐거워 할 수 있는 시간이 없다고 합니다. 시끄럽게 떠들어대는 아이들 때문에 더욱 피곤을 느끼고 분주한 아내는 남편의 음야, 가정에서 누릴 수 있는 것을 다 누리도록 합시다(『우리가정』 7, 1936. 10, pp.9~11).

여기에서 말하는 가정적 기분이란 가정에서 누릴 수 있는 휴식·위안·즐거움을 말한다. 회사에서 돌아온 남편은 가정에서 조용한 시간을 가질 수 없고 가족과 더불어 웃고 즐거워할 시간이 없다고 투덜거린다. 시끄럽게 떠들어대는 아이들 때문에 더욱 피곤하다는 것이다. 정신문명이 발달하고 문화의 정도가 높아질수록 집에서 찾는 편안함의 강도는 더욱 커졌다. 조선의 문화 정도가 높아짐에 따라 "가정을 알고 가정에 대한 이상을 가지고 가정을 향상"시키려 하는 사람들이 그만큼 많아졌기 때문이다. 또한 이들은 "가구의 배치, 도배지의 조화, 화단의 기교"가 가정의 평안에 영향을 준다고 보았다. 인테리어에 대한 관심은 안락한 가정을 조성하기 위한 노력이기도 하였다.

그러나 부인들의 불만 역시 컸다. 아무리 "가정은 주부를 중심으로 한 조직체"(『여자계』, 1921.1, pp.3~7)라고 해도 혼자서 집안의 대소사와 "어린 것과 더불어 밥 짓고 빨래하는 것"은 너무나 버거운 일이었다. 집안일을 모른 척하면서 주부의 노고를 알아주지 않는 남편에 대한 원망이 잡지에 실리기도 하였다(「부인계의 불평과 밋큰소리」, 『부인』, 1922.10, pp.19~25).

「집안이 화락하려면」(『부인』 1-4, 1922.9, p.45)은 가정의 화평을 유지하기 위한 남편과 아내의 역할을 구분한 기사였다. 남편은 아내에게 "항상 좋은 낯으로 웃음을 띄워주길" 바라면서, "아이를 울리고 욕하지 말라", "집안을 항상 정돈해 달라" 등과 같은 주문을 하였다. 부인들은 남편에게 "바쁜 때는 어린애를 좀 봐주고", "바깥걱정으로 안에서 화풀이를 말아 달라", "때때로는 반찬거리를 사들고 와 달라"는 당부를 하였다. 단순히 생활의 개량만으로는 가정의 평화가 유지될 수 없었다.

이상적 배우자의 조건

여기에 한 여학생이 있다고 하자. 서울 태생이며 학력은 모 여자고등보통사범학교를 졸업하였다. 졸업 즉시 동경으로 유학을 가서 고등사범까지 마치고 온 '인텔리' 여성이다. 보통이상의 어여쁜 용모로 오가는 혼담도 많았다. 그러나 금년 나이는 서른한 살. 많은 사람들은 '올드미스'인 그녀에게 도대체 왜 결혼을 안 하고 있느냐고 질문을 던진다. 어머니도 속이 탈 수밖에 없다. 그래서 "애야, 이번에는 어떻게 시집갈 생각을 좀 해야 하지 않니? 공부도 그만하고 취직도 하였으니, 이젠 제발 시집 좀 가렴. 네 어미도 사위 좀 봐야하지 않겠니?"라며 잔소리를 하게 된다. 그러면 딸이 대답한다. "어머니도 참! 결혼을 밥 먹듯이 하나요 아니 듣도 보도 못한 사람하고 어떻게 결혼을 한단 말예요. 어머니가 사위 볼 마음도 급하지만, 난 어느 때든지 내 눈으로 보아서 마음에 드는 사람이라야 시집을 가지, 그렇지 않으면 늙어 죽더라도 결혼은 하지 않을 꺼예요!"(김을한, 「신결혼풍경도」, 『신여성』, 1931.10, p.62)

「신결혼풍경도」의 일례가 증명하듯 조혼에 대한 우려가 불과 몇 년 사이에 '올드미스'에 대한 걱정으로 바뀌었다. 마음껏 자유연애를 하는 신여성도 많았지만 마음에 드는 결혼 배우자감 역시 쉽게 나타나는 것이 아니었다. 결혼 풍속에 대해서는 『여성』지 또한 민감했다. 1935년 10월자 편집실의 이름으로 나간 토막기사는 다음과 같은 공지사항을 함께 냈다.

세상에는 결혼하고 싶어 하시는 이들이라도 이름 알이가 없는 관계로 속을 태우시는 이들이 많을 줄로 알고 우리『여성』잡지에서는 남자시나 여자시나 좋은 연분을 구하야 결혼하실 이들을 위해서 매달 중매서는 일을 하겠습니다. 아래 적는 규정대로만 적어 보내주시면 다음달 지면에 공개하야 소개해 들이겠는데 계시는 곳만 밝히시고 이름은 가명으로라도 좋습니다.

　이 내용인즉, 자신의 이상에 맞는 결혼 상대자의 조건이 어떠한 것인지 구체적으로 적어 보내면,『여성』지가 발을 벗고 나서서 미혼의 남녀에게 배필을 찾아 주겠다는 약속이다. 원하는 상대의 적합한 연령과 직업, 체력, 가정형편, 재산형편에 따라 이상적인 배우자를 선별해 주는 모습은 오늘날의 결혼정보회사와 크게 다르지 않다. 단 한번도 배우자의 얼굴을 보지 못한 채 결혼 첫날밤을 맞이하는 시대가 아니다. 장래의 배우자감에 대한 구체적인 조건을 토로하기 위한 자리들이 수두룩하게 있었다. 미혼 남녀의 관심은 행복한 가정을 만들기 위해 어떠한 배우자감을 선택하느냐에 관한 문제로 옮겨졌다.「미혼남녀들의 바라는 남편·바라는 안해」(『신여성』, 1924.5, pp.59~63)라는 기사가 그 대표적인 것이다. 이 글은 미혼 남녀들이 원하는 이상형의 조건을 제시한 글이다. 인천 송림리에 사는 '한총각'이 익명으로 투고한 기사는 다음과 같다.

제일로 맨 처음에 남자의 사랑을 이끄는 것은 외관미(또
는 육덕미)이지만 순결하고 착실한 미혼청년의 요구하는 바
는 육덕미보다도 정신미이다. 남자도 그렇지만 여자는 더
여자다운 온공한 덕성과 고상한 사랑을 가져야 할 것이며
허영에 들뜨지 않고 "순결" 그것을 신앙으로 갖는 처녀라야
할 것이니 이점은 특히 중요히 보아야 할 것이다. 제 이로
남성은 더욱 그렇지만 (중략) 건전한 체육발달이 된 여자라
야 그 체격이 美도 갖을지요 자녀생산 가정정리 사회헌신에
가당할 것이다 제삼으로 이의 두가지외에 상당한 교육이 있
어야 할 것을 요구한다.

　결혼 배우자의 첫 번째 조건으로 육체적인 아름다움과 함
께 고상하고 순결한 정신 상태를 꼽았다. 두 번째 조건으로는
건강한 신체를 꼽았는데, 이는 자녀 생산과 사회의 헌신에 중
요한 요소라고 보았다. 교육도 받을 만큼 받은 여성일수록 좋
은 조건의 배우자감으로 자리매김 되었다. 반면에 "바람에 들
떠서 음악이나 한다고 날뛰는 여자"나 "생활의식조차 똑똑하
지 못한 끝에 속도 모르면서 자유연애니 자유결혼을 떠드는
여자", "넓은 목도리니 높은 구두니 짧은 치마니 하고 유행이
나 쫓아가는 여자" 등은 결혼 기피 대상 일순위였다. 자유연
애로 몸을 망친 여성은 '타락한 여성' 일순위에 올라가 있었
으며, 가정을 돌보지 않고 바깥일을 갖는 여성도 배우자감으
로 바람직하지 않다는 평가를 받았다. 남성들과 마찬가지로

여성들도 지면을 통해 바람직한 구혼 상대자에 대한 의견을 피력하였다.

　여학교 교사라고 밝힌 여성은 「내가 바라는 남편의 인물」에서 뜨거운 사랑만 있다면 문벌과 집안은 헤아리지 않겠으며, 설사 성미 사나운 시어머니가 있다 해도 두 사람의 불행으로 알겠다는 태도를 밝혔다. 재산은 별로 없더라도 두 사람의 힘으로 새로 만들어 깨끗하고 평화로운 가정을 만들겠다는 다짐을 하였지만, 반드시 상당한 교육을 받은 이를 택하겠다는 의지는 분명히 하고 있다. 서울 재동에 사는 박 모양의 기사도 흥미롭다. 기사의 제목처럼 「침착하면서도 취미 많은 청년」이 그녀의 이상형이었다. 우선 자신을 학교를 졸업하고 "집에 들어앉은 여자"라고 밝히고 있는데, 자신은 "이상스런 안경"이나 "양복을 깨끗이 입고 까불대는 사람"보다는 침착한 남성이 좋다고 말한다. 그리고 문학적 취미나 음악적인 취미가 같으면 특별한 기술이 없더라도 화평한 생활을 할 것 같다고 말하였다. 이처럼 결혼 생활을 어떻게 하면 행복하게 할까라는 주제는 미혼의 청춘남녀의 눈을 사로잡았다(「결혼생활을 어떻게 행복되게 할까」, 『우리가정』, 1936.10, pp.9~11). 요컨대 부부간의 애정을 증진시키기 위한 방법도 제시되었고, 결혼은 반드시 자유의사로 해야 하며, 성격과 취미가 일치되는 것이 행복한 가정의 기본조건처럼 논의되었다. 조건에 맞는 배우자 상에 대한 관심이 높아진 것도 이 때문이다. 물질적인 안정과 정신적인 휴식을 동시에 줄 수 있는 배우자감을 만날 가능성이 높을수록 행복 지수가 올라가리라는 것은 당연한 예상이었기 때문이다.

결혼 좌담회 풍경

1931년 12월호 『신여성』은 이동좌담회를 개최했다. 「내가 이상하는 남편」, 즉 이상적인 남편상이 그 주제였다. 참가한 인원은 총 여섯 명이었으며, 보육학교 여자 교원, 삼천리지 기자와 여학교 출신들이 모여 토론하였다. 이상적인 남편의 직업과 남편의 수입, 취미와 성격 문제, 학식과 교양문제, 산아제한 등에 관한 문제를 토론하였다. 이들은 예절을 차릴 정도로 수입이 있으며, 예술방면과 학술방면의 취미가 있는 남성이 이상적인 배우자감이라고 입을 모았다. 부인에게 남편이 요구하는 것과 마찬가지로 남편의 정조도 중요하다는 점에 대해서 한 목소리를 냈다. 다음은 이 좌담회에서 오간 여성들의 토론 내용이다.

G. 어떻게 불러 주었으면
- 서울가정은 별로 모르겠습니다마는 우리함경도 지방 같은 곳에서는 흔히 부인을 부르는 것이 "이간나" "이에"하고 부르는 이가 많은데 듣기에 퍽 거북하든데요 제삼자로 보기에
- 혹 너무 친한 사이나 혹은 너무 사이가 멀면 그렇게

쓰는 것을 보았습니다만 우리는 좀더 인격적으로 대하여 '이름'을 불러주었으면 좋겠어요.

－이름을 부르는 것이 좋다고 하는 것은 제삼자로 보기에나 듣는 사람으로서도 퍽 좋게 들리는 구만요, 다른 동무들도 보면(「이동좌담-내가 이상하는 남편」, 『신여성』, 1931.12, p.46).

부부 사이에 서로 인격적으로 이름을 불러주는 것은 이상적인 배우자의 자격으로 매우 중요하다. 서양처럼 '허니'를 외치는 것도 낯부끄러운 문제였지만, 함경도에서처럼 아무 때나 부인을 "간나"라고 부르는 남편감은 부부 사이의 매너나 예의범절에 어긋나는 무례한 배우자이다.

바야흐로 근대적 자유연애가 시작된 이후, 배우자를 보는 조건이 달라지는 순간이었다. 이 새로운 시스템은 중매결혼을 한 아버지 세대가 문벌·재산·인격 순으로 결혼을 하던 방식과는 달리 자유연애로 결혼을 하는 자식 세대에 와서는 배우자의 인격·재산·문벌이 우선순위에 놓이게 되었다(「부창부수」, 『신가정』, 1935.4, pp.40~45). 결혼 상대자가 어떠한 패를 갖고 있는지, 나의 조건이 그가 갖고 있는 패와 맞는지, 행복한 가정을 꾸미기 위한 밑바탕을 얼마나 갖고 있는지, 집안이나 학벌을 따지는 것만큼 그와 나의 취미가 맞는지 등등의 요소가 중요하게 평가되었다. 결혼이 강요가 아니라 현실이라는 것을 신여성들은 누구보다 빨리 알아차렸던 것이다.

「그분들의 결혼 플랜-어떠한 남편 어떠한 부인을 맞이할까」
(『여성』, 1936.5) 혹은 「내 남편을 말함」(『여성』, 1936.4)과 같
은 기사를 살펴보면, 구체적으로 남성은 "태도와 행실, 미모,
학식, 재산" 등과 같은 기준을, 여성은 "자신보다 연상인 경제
적으로 독립할 수 있는, 부모와 동거하지 않고 가족이 적은
자"를 내세웠다. 이와 같은 기준으로 볼 때, 남성은 순결하고
순종적인 여성을 선택하고, 여성은 남성의 직업에 따라 배우
자를 선택한 것으로 볼 수 있다. 우생학적인 면과 경제학적인
면이 합쳐진 이들의 결합은 안정된 가정을 꿈꾸는 욕망을 대
변한 것이며, 부르주아 사회로 편입하려는 욕망과 어울린 것
으로 볼 수 있다. 행복한 가정 만들기에 대한 지나친 집착은
부르주아의 욕망을 대변[6]한다는 비난도 끊이지 않았다.

가정탐방기의 유행

1930년대에 들어 『여성』지는 물론이거니와 『삼천리』, 『조
광』 등과 같은 종합지에서도 흔히 발견할 수 있는 것이 바로
'가정탐방기'이다. 가정탐방기는 문인을 비롯하여 은행지배인
이나 의사, 음악가, 사회 저명인사들의 집을 탐방하고, 이를
기사화한 것이다. 특히 탐방 기사 옆에는 인터뷰한 가정의 단
란한 가족사진을 게재하였다. 부모를 중심으로 그 옆에 다소
곳이 앉아있는 아이들의 복스러운 얼굴이 소개된 사진은 그
가정의 분위기가 얼마나 화목한지를 잘 보여주고 있다. 특히

『여성』지는 가정탐방기에 꾸준한 관심을 보였으며 1936년 6월에서부터 1938년 12월까지 연재하였다.

> "두 분께서는 가정이란 것을 어떻게 생각하십니까?"
> 나는 이런 말씀부터 먼저 물었다.
> "가정은 인류의 행복을 만들어 내는 곳이라고 생각합니다. 가정처럼 좋은 곳이 또 어디 있겠습니까. 우리가 어떤 친구를 만나서든가 어떤 향락장에 가서든가 혹은 연회자석에서든가 그러한 데서도 간혹은 즐거움을 얻을 수 있는 것이지만 그것은 순간에서 더 지내지 못하는 것이죠, 하나 우리가 가정에서 얻는 행복이야말로 영원한 행복이 아니고 무엇이겠습니까?"(「은행가 이정진씨 가정-종교정신으로 화평한 가정」, 『여성』 2-4, 1937.4, pp.68~69)

은행 지배인인 이정진 씨는 사내 넷과 딸 둘의 아버지로서, 가정에서 얻는 행복을 최고의 행복으로 꼽았다. 기자는 또 자녀를 어떤 방식으로 키우는지에 대해 물었다. 예컨대 학교는 어디에 보낼 것인지, 장래 자녀의 꿈은 무엇인지, 부모로서 이를 뒷받침하기 위해 어떠한 노력을 하는지 등이다.

가정탐방기에서 주로 묻는 질문들은 자녀교육방침, 부부의 연애관, 자녀에 대한 결혼방침, 가정경제에 대한 관심, 신혼 당시의 회상과 같은 것들이 주류를 이룬다. 국제결혼을 한 부부를 찾아가서는 문화적 관습이 다른 부부들이 사는 방식을 지면으로 고스란히 전달하였다. 예를 들어 그들이 어디에서 만나게 되었는지, 식습관이 다른 문제는 어떻게 해결하는지, 조선의 구식 가옥에서 생활하는 외국인 부인들이 부엌에서 겪게 되는 해프닝과 같은 이야기는 흥미진진한 테마였다. "사랑에는 국경이 없다"는 격언을 몸소 실행한 이들에 대한 관심이 대단했기 때문이다(「김주항 군과 액네스 여사-결혼 그 뒤 애소를 찾아서」, 『여성』, 1936.6). 가정탐방기는 장안에서 이름난 부부들의 결혼 생활이 행복하게 잘 유지되고 있음을 알려주는 소식통의 구실을 하였던 것이다.

예술가나 문인에 관한 가정탐방기가 유행한 것은 당시 문인이나 예술가와 같은 '교양'있는 사람들이 배우자감으로 인기가 있었기 때문이다. 이들 가정은 늘 사회적으로 주목을 끌었고, 그들이 어떻게 사는지 대중의 흥미를 끌기엔 충분하였다. 문인과 유명인사에 대한 관심들은 비단 여성 월간지에서만 다루어진 것이 아니다. 『조광』과 같은 문예종합지에서도 마찬가지였다. 1938년 3월자 『조광』은 「인기스타-사생활탐방기」라는 제목으로 '이성미의 소유자'(한은진), '정열의 여우'(김영옥), '상업에 실패후 무대에 나온'(맹만식), '평화한 가정의 소유자'(심경), '혼신없는 청교주'(박제행), 십육년의 무대생활(서월영)의 모습들이다. 이중 '표면은 화려한 무대-이면은 평화한 가정-심영군은 아내밖에 모른다'는 기사는 평화로운 가정생활에 대한 일화를 집중적으로 묘사하고 있다.

황혼의 거리를 낙원정 자택으로 심영씨를 찾으니 바로 외출로부터 돌아오는 씨를 대문 밖에서 만났다. 풍문에 의한즉 심씨는 무엇보다도 가정을 사랑한다는데 (중략) "이 사진을 보시오" 심씨는 손으로 사진을 가르치니 옆에 앉아 있던 박제행씨가 "심군은 가정을 예술 이상으로 사랑하시오. 이 가정처럼 화평하고 행복에 찬 가정은 아마 서울장안에도 얼마 없을 겁니다. 참 부럽기 짝이 없어요" 하고 심씨를 쳐다보니 "언젠가 동아일보기자에게도 이런 말을 한 적이 있습니다마는 평화한 가정은 온갖 사업에 원동력이라고 믿습니다."

가정탐방기에서 가장 빈번히 등장한 단어는 '화평·행복·평화'였다. 위에 인용한 글에서도 알 수 있듯이 가정탐방기의 목적은 "서울 장안에서 가장 행복한 가정"을 찾아가 취재하는 것이다. 결혼한 지 수십 년이 된 부부에게 "이제 막 '신혼'이 된 부부처럼 단란해 보인다"거나 "유리창이 많은 문화주택의 기운처럼 그 집안의 분위기가 몹시 행복했다", 혹은 "마당 안에 놓인 난초를 보는 화백의 얼굴처럼 지극히 평화스러운 분위기를 느끼다 돌아왔다"는 등의 내용들이 가정탐방기를 장식하는 마지막 문장으로 즐겨 이용되었다.

문인탐방기의 유행은 가정과 개인의 사생활을 공적 영역으로 끌어왔다는 의의가 있다. 이는 오늘날 연예 프로그램에서 연예인의 집을 엿보는 것과 같은 심리와 별반 다르지 않다. 한

가지 흥미로운 점은 가정탐방기에 등장하는 유명인사들의 가정이 항상 행복하게만 그려져 있다는 것이다. 말하자면 이 시기는 전반적으로 행복이 유행처럼 번져나갔다.

그렇다면 문인이나 예술가와 같은 부르주아 가정의 전형성을 잡지에서 연일 보도하고 있는 것은 왜일까? 에릭 홉스봄은 무정부 상태에서 사회와는 아주 대조된 가정의 출현[7]에 주목한다. 그에 따르면 외부세계와는 단절된 가정의 형태, 혹은 '기쁨이 깃들인 곳'으로서의 가정이 열거될 때, 밖에서는 '생존경쟁' 혹은 '적자생존'과 같은 싸움의 은유들이 떠오른다고 지적하고 있다. 일제 파시즘하에서 유행한 가정탐방문에서 그려낸 행복한 부르주아 가정들은 오히려 만족을 얻을 수 없거나 만족한 상태라고 인정할 수 없는 바깥세계에 대한 '평화의 은유'였던 것이다. 「크리스마스 제사화초」(『여성』, 1933.12)는 크리스마스에 어떠한 장식으로 집안을 꾸밀지 그리고 서구의 크리스마스는 얼마나 행복한 명절인지에 대해 설명하고 있다. 그리고 문제는 이 안락한 가정의 기표가 무엇이냐 하는 것이다.

피아노와 축음기, 행복한 가정을 위한 도구로 자리 잡다

행복한 가정이 무엇인가에 대한 답변은 오히려 단순하다. 「그 주택·그 정원」에서 정밀하게 이갑수 집안의 정원의 내력을 밝히고 있거나(『조광』, 1937.9), 계정식 씨 주택을 "금화산 아레 깃드린 비달기"라는 부제를 통해서 드러냄으로써 음악가

집안의 평화로움을 강조하였다. 이는 조각가 김복진의 가정탐방기에서는 더욱 두드러진다. 집의 곳곳에 자리잡은 고목 느티나무의 운치, 민영환의 글씨와 다도구와 같은 개인적 취미를 두고, 기자는 "집안의 분위기가 몹시 幸福"하다는 평가를 내리고 있기도 했다. 「나무와 꽃 속에 쌓인 화옥」(『신가정』, 1933.7)은 소설가 이태준의 집을 방문한 가정 탐방기이다. "시내에 있고 새집이고 깨끗하고 넓은 기와집을 마다하고 외 따른 곳에 있는 초가집을 찾아가는 이유가 어데 있을까"라고 기자는 묻는다. 작은 마당에 가득 찬 화초들을 보고 "아담스러운 화초에 둘러싸인 초가 4칸의 참된 맛을 이제야 알았다"고 밝히며 "청초한 집이 한껏 즐거워" 보인다는 의견을 밝혔다. 잘 정돈된 화초나 정원에서 풍겨지는 이미지는 그 집안의 분위기와 취향을 전달해 준다. 이상적인 가정을 표현하기 위한 적합한 주제인 것이다. 문인이나 예술가의 가정을 '평화', '화평', '사시사철 명랑'하다는 형용사로 강조한 것은 근대적인 가정에 대한 대중의 욕망이 각 문예지의 기사들을 통해서 투영되고 있었기 때문이다. 잘 가꾸어진 정원이나 문화주택의 거실에 놓인 피아노와 축음기 같은 가정의 부속물들은 개인적인 취미의 영역을 넘어서 안락한 가정을 상징하는 기표였다.

가구나 복장의 스타일 속에서 집안의 생활양식 전체를 읽어볼 수 있기에, 개인적이고 고급화된 이 취향을 앞장서서 설명해줄 누군가의 도움 또한 절실하였다. 실제로 『여성』지에는 축음기 광고와 더불어 「레코드에 의한 음악감상법」[8]이라는

기사가 무려 6회나 계속 연재
되고 있었다. 같은 잡지의 창
간호에 '명가수 레코드 순례'
라는 기획으로 실린 「소프라노
편」에서는 '빠로리, 빌란, 깔리
클치, 오네긴…'과 같은 소프
라노들의 실명이 직접 예시되
기도 하였다. 음악가로 이름난
홍난파는 「가정과 음악」(『여성』,
1937.1)이란 제목으로 다음과 같
은 글을 썼다.

소설가 이효석, 크리스마스 트리와
축음기를 배경으로 사진을 찍다.

　　서양 사람들은 단 세 식구만 살더라도 그중에 한 두 사람
쯤은 반듯이 노래를 할 줄 알거나 악기를 장난할 줄 압니다.
그럼으로 그네들은 저녁이면 온 가족이 한방에 모여서 즐거
운 시간을 보내며 화락한 가정의 분위기를 만들어 내는 것
입니다마는 음악이 없는 우리네의 가정에서는 저녁밥이 끝
난 뒤에 긴긴밤을 무엇으로 즐겁게 보낼 것이 있습니까. 온
종일 피곤한 몸과 마음을 무엇으로 유쾌하고 즐겁게 만들겠
습니까.

　홍난파는 서양 사람들은 일이 끝난 후 가족들이 모두 한 방
안에 모여 노래와 악기를 다루며 여흥을 즐긴다는 예를 들었

다. 서양 사람들은 흔히 한두 가족이 모여 피아노 선율에 맞추어 춤을 추거나, 자녀의 교육을 위해 음악을 연주하고, 화목한 가정이 무엇인지, 문화인으로서 부끄럽지 않은 생활이 무엇인지 보여주는 일례이기도 하였다. 그리고 작금의 조선 현실에서 결핍된 것이 무엇인지 알려주는 잣대이기도 했다. 그에 따르면 음악이나 오락, 취미 방면에 가족이 재미를 붙이면 가족 전체가 모일 기회가 잦아지고, 가족의 취미가 있으면 남편이 밖으로 나돌지 않아 규모 있는 생활을 할 수 있을 것이라고 제안을 하였다. 축음기에 흘러나오는 춤 곡조나 행진곡에 아이들과 손뼉을 치며 노는 것, 그 속에 한 가정의 화평이 있다는 홍난파의 지적은 상당히 그럴듯하다.

이 당시 유행했던 축음기는 아마도 일제 "新 빅타-포-타불" 축음기가 아닐까 싶은데, 125엔의 가격으로 판매되었으며, '삼구 다이나믹스피커'를 사용하는 탁상형으로 설계되었다[9]. 개인의 취미를 넘어 가정의 평화와 행복까지 가늠할 수 있는 잣대로 등장한 축음기는 소설의 소재로도 자주 등장하였다.

1939년 10월 『조광』지에 실린 최영수의 「전기 축음기」는 유머 소설이다. "저울에 단 것처럼" 똑같이 음악을 좋아하는 주인공 부부는 직장 상여금과 적금 오십 원을 털어서 축음기 하나를 산다. 다른 동료들이 설렁탕 값과 양복 값으로 월급을 계산하는 반면에 '나'는 레코드 상회에서 날아오는 음반 값 이십삼 원을 지불하는 낙으로 인생을 살아간다. 아내 역시 전기축음기를 기름칠하는 것이 최고의 재미이다. 아이가 없는 이들에게 축음기란 '장남'의 역할을 대신한다. 말하자면 축음기가 두 사람의 가정을 평화롭게 유지하는 도구가 된 것이다. 어느 날 실직을 하게 된 '나'는 결국 밀린 집세를 갚기 위해 양복과 레코드를 전당포에 판다. 결국 축음기까지 집세 대신 전당 잡힌 이들의 모습은 현실적인 고민과는 다른 모습으로 독자에게 다가선다. 가령 "취미의 전부를 잃는다는 것은 너무나 큰 비극"인 주인공에게 물을 수 있는 주변인들의 안부는 밥을 잘 먹었는지 혹은 집세는 어떻게 마련했는지에 관한 것이 아니다. 그에게 "축음기 도락 여전하신가?"라는 친구들의 물음에 레코드판이 쭈그러졌다고 우는 아내의 희화화된 모습이 그려진다.

축음기 하나 때문에 울고 웃는 희극적인 장면이 소설의 소재로 자주 등장하게 된 배경은 무엇 때문일까? 이는 점차 보편화[10]된 축음기가 실제로 행복을 가져다주고 행복을 과시하는 물질적이고 인공적인 조화물이기 때문에 가능한 일이었다. 식민지 시기 일부 소수의 부르주아 가정에 놓인 피아노와 축음기가 가정의 평화를 상징했다는 점은 참으로 아이러니하다. 1933년 12월 『여성』지에 실린 시에론 레코드의 광고는 다음과 같은 문구로 독자들의 시선을 유혹하고 있다. "평화·가정에 명쾌한 노래. 재미있고 품 높은 합창. '금강산 타령' 가정에서나 학교에서 불러주십시오" 평화로운 가정에 풍악이 빠질 수 없다는 논리였다. 문화 산업의 생산품인 축음기는 이제 광고나 가정탐방기와 같은 대중매체에 의하여 공적으로 전파되어 부르주아적 프라이버시[11]라는 가상공간을 만들어낸다. 피아노나 축음기를 소유함으로써 상층 계급에 진입하고 행복이라는 환상에 사로잡힌 것이다.

사생활의 내밀화와 건축적 양식

핵가족의 등장

유럽에서는 18세기부터 19세기에 이르는 동안 '중간계급'의 가족과 가정에서 발생한 가족주의가 가족 간의 공간을 새로이 재편성[12]하기 시작하였다. 1930년대 소설에 자주 등장하는 문화주택의 모습에서도 이와 같은 모습을 찾아 볼 수 있다. 문화주택은 한옥구조의 집과는 전혀 다른 공간구조로 이루어져 있다. 집을 짓는 것은 문화적 현상이기 때문에 한 문화의 독특한 현상은 실용적 특성만이 아니라 문화적 속성까지도 담고[13]있다.

김남천의 1930년대 후기 소설에서는 이미 대가족보다 핵가족을 중심으로 그리고 있다. 이러한 징후들은 이미 1920년대 가정에서도 조금씩 엿보이기 시작한다. 개인이 아니라 일족을 중심으로 사고하는 대가족제는, 근대의 개인주의 및 그에 근거한 가족 재편의 시도와 충돌을 빚게 마련이었다. 자유연애와 신가정의 실현은 세계 개조의 대세와 합치되는 과제[14]였기 때문이다. 개인주의에 근거한 핵가족의 양상들은 김남천과 이태준의 1930년대 소설에서 특히 주목할 만한 부분이다. 가정의 존립 근거에 따라 인물들의 생활방식이 현저히 달라지는 모습이 드러나기 때문이다. 문화주택에 등장하기 시작한 새로운 공간, 서재와 부엌이 그 예가 될 것이다.

낭만적인 불륜의 공간 : 서재

「낭비」에 등장하는 삼형제의 부친 이규식은 무역상을 하는 당대의 부르주아이다. 자유방임주의 교육을 하는 이규식은 이 소설에서 거의 등장하지 않는다. 무역상을 하지만, "후계자를 자기 자식 중에서 양성해 내겠다는 생각"을 하고 있지는 않다. 명치대학교 전문부 출신의 그는 아들에게 소질과 취미에 따라 학과를 선택시킬 뿐, 경제학이 아닌 독문학을 택한 아들을 원망하는 마음이 전혀 없다. 딸이 이화여전을 거쳐 동경으로 음악공부를 하는 것도, 이규식에게 갈등을 일으키는 요소는 아니었다. 오히려 '백선행 기념관'에서 결혼하는 이관덕과 비행사 구웅걸의 결혼식, 혹은 여름휴가를 보내기 위한 별장 등의 가족모임을 통해 가족들이 등장한다. 즉, 가족이라는 명제와 별개로 삼형제 각자의 연애와 공부가 따로 묘사되고 있었다. 이들은 '일가 전체'에 구속된 생활양식으로부터 벗어난 것처럼 보이기도 한다. 부르주아 핵가족의 모습은 주택의 모습을 변화시키는 주요한 요인이 되었다. 집안에서 이관형의 서재는 다음과 같이 외진 곳에 떨어져 있다.

이관형이가 쓰는 서재는 가족들이 기거하는 큰 채와는 따로 떨어져 있었다. 커다란 소슬 대문을 들어서면 서쪽으로 이집 주인인 이규식씨가 사용하는 사랑이 비스듬히 올려다 보이는데 그 사랑의 동쪽기슭은 중대문이 있고 그 중대문을 들어서면 가족들이 기거하는 안채와 안뜰에 이르게 되어있다. 관형이가 기거하는 서재는 소슬 대문에서 안을 향하여 오른쪽 방위로 말하면 북쪽이 되는데 이 안채와의 사이에 있는 중뜰 한옆에 따로 떨어져 있는 것이다(「낭비」, 11, 1941.2).

가족들이 쓰는 안채와 멀찌감치 떨어져 있으며, 울타리와 솟을대문, 화단 속의 길 등으로 분리되어진 이관형의 서재는 대가족적인 공공성과는 격리되는 핵가족적인 면을 강조한다. 이관형의 서재를 통해 알 수 있듯, 자기 공간에 대한 개개인에 대한 내밀성은 점차 커진다.

청의양장점 마담으로 이 소설의 2회부터 이관형에게 적극적으로 육탄공격을 하는 문난주의 모습은 그녀의 육체적 양감을 충분히 드러낼 정도로 다음의 장면에서 세부적으로 드러난다.

> 옆에 누어있던 문난주는 잠을 이루지 못하여서 혼자서 아직도 작난으로 시간을 소비하고 있다. 그는 빠-치 파자마라고, 팔은 홀랑 내어 놓고 다리는 사나이의 바지가랭이를 넓게 만든 것 같은 옷으로 몸을 두르고, 지금 버릇없이 엎데어서 담배를 빨며 부인잡지를 두적거리고 있다. 머리는 파-마넨트로 짖어서 바닷바람에 날린 듯이 가벼워 보이나 만져 보면 짠조롬한 소금물이 옮아 올듯한 그러한 인상을 준다. 팔꿈치가 움직일때마다 겨드랑이밀이 꺼멓다. (중략) 표정한 구룽이에 어딘가 비인 곳이 있는 것 같다. 치밀한 관찰을 하는 사람은 그의표정에서 결여된 것이 윤리적 신경인 것을 알아 마칠 수 있을 것이다. 대진이후의 새로운 타입으로 등장한 아름다움, 일찍이는 마라-네 딋드릿히, 그리고 최근에는 따니엘·따류-로써 일층 세련된 백치미를 발휘하고 이는, 그러한 아름다움이 문난주에게는 있었다(「낭비」 1, p.225).

제1차세계대전 이후 새로운 타입으로 등장한 문난주는 이 당시 유행한 여배우 '마리네 딋드리히'처럼 세련된 백치미의 전형이었다. 윤리적 신경이 결여되고, 어딘가 비인 듯한 그녀의 모습이 제시된 곳은 이층 다다미방이다. 알록달록한 얇은

원피스, 담배 재떨이, 시럽 그릇, 소설 책과 부인 잡지, 스타일 북과 영화 화보들이 난삽하게 뒹굴고 있으며, 포도주를 마시고 있는 친구 최옥엽과 문난주. 이들은 남들의 눈을 의식하지 않고 가장 개인적인 곳에 머물고 있다. 문난주가 묵고 있는 다다미방과 같은 거주 형태는 사생활의 강조로 이루어진 것으로 개인적인 내밀성에 대한 욕구[15]가 점차 커지고 있음을 의미한다. 그리고 개인적 내밀성은 이 당시 소설에서 보편적으로 다루어지는 측면이기도 했다.

예를 들어 이태준의 「청춘무성」은 여학생의 기숙사를 배경으로 삼각연애를 하는 줄거리를 다룬다. "천사들루 자임하는 미스들만의 학원"[16]에서 펼쳐지는 기숙사는 집단적 주거 형태나 육체에 가해지는 통제가 스며 있는 곳이 아니다. 이 소설에 나타난 기숙사는 여학생 최득주·고은심과 이 학교 선생 원치원이 만나는 지극히 개인적인 연애가 성립되는 공간으로 제시되고 있기 때문이다. 말하자면 학교가 제도와 규율의 공간으로 그려지는 것이 아니라 사생활로서의 연애 공간으로 그려지고 있는 것이다.

개개인에게 초점을 둔 소설의 모습은 특히 『사랑의 수족관』에서 두드러지게 나타난다. 여자 주인공 이경희의 명랑함과 쾌활함은 그녀와 생활 방식이 다른 김광호를 놀라게 하기에 충분하다. 다음은 김광호와 이경희가 택시 안에서 나누는 대화이다.

"어디 십니까?"하는 운전수의 말에 광호는 대답하지 않고, "이선생댁이 원동이시지요?" 하고 물었다. "아뇨, 삼청동이에요" 하고 대답하는 경희의 말에, 광호는 제의 기억을 뒤적여보며, "삼청동이에요?" 하고 의아해서 반문한다. (중략) "원동엔 제 아버지가 계시지요" 그 말에 비로소 광호는 고개를 끄덕이었다. 아버지와 딸이 각각 딴 집에 사는 것이다(『사랑의 수족관』, 1940, pp.47~48).

　　김광호는 이경희가 아버지와 딸이 각각 딴 집에 살고 있다는 점에 대해 매우 놀란다. 원동에는 서모인 은주부인과 아버지만이 살며, 이경희는 동생과 오빠와 함께 다른 집에서 살고 있다. 그녀의 이러한 모습은 재벌의 영애로서 누리는 특권이라고 볼 수도 있지만, 이 소설에 등장하는 강현순도 마찬가지로 수운장 아파트에 독립하여 살고 있는 여성이다. 그녀의 방 역시 타일을 깐 현관과 슬리퍼, 침대, 두터운 커튼, 테이블 옆에 스팀이 놓여 있는 독립적인 공간으로 묘사되고 있다. 이경희와 강현순, 양자 모두가 자기 집을 갖고 있다. 그녀들의 자립욕을 강조하는 표식[17]인 셈이다.

　　이 소설에서 이경희의 성격은 상당히 주체적인 여성으로 그려지고 있다. 서모인 은주부인은 김광호와 이경희의 결합을 지속적으로 방해하는데, 이경희는 결국 만주로 전근 간 김광호를 찾아가서 적극적으로 구애를 한다. 혹은 김광호와의 결합을 위해 그녀는 아버지 이신국 씨를 호텔의 '싼·룸'(salon)에 불러 담판을 짓거나, '서재'에서 광호에게 보내는 연서를 지속적으로 쓰기도 한다. 그녀의 적극성은 김광호의 구애보다 한 발 더 나아가 있다. 남자인 김광호에게 청혼을 먼저 하는 이경희의 모습이 바로 그러하다.

부모와 자식이 독립하여 그들만의 개인적인 '집'을 갖는 것은 근대적인 가정의 요건이다. 봉건적인 이데올로기와 결별하고 새로운 현상들이 삶의 스타일을 규정짓는 모습들은 이 당시 소설이 공통적으로 지향하는 바였다. 이미 가정 안에는 현란한 풍속이 대치하고 있었으며 이 안에는 새로운 유행 방식으로 가득 차 있었다. 중류층 이상에서 볼 수 있는 생활 방식은 이제 근대적인 삶의 패턴으로 자리 잡았다.

소설은 보다 민감하게 사생활을 그려내고 있다. 1930년대 이후 소설들은 응접실, 다다미방, 축음기 룸, 싼·룸과 같은 분화된 주거공간을 묘사함으로써 그 안에 살아가는 개인의 삶의 방식을 의미 있게 그려낸다. 특히 『사랑의 수족관』에 등장하는 서재는 서사의 다채로운 측면과 맞물려 있기도 하며, 이전의 소설과는 차별화된 내밀성의 영역을 의도하고 있다.

미국 가 있는 오빠의 서재, 이집의 커다란 사랑을 경희가 쓰고 있다. 양통으로 된 시간 기리 위 커다란 방이다. 윗목에 서고가 있고 육중한 '테-불'이 있다. 방 가운데 까만 네모진 책상이 있어서 의자에서 일하다 지치면 장판에 방석을 깔고 이리로 자리를 옮긴다. 아랫목에는 사철 쳐두는 대나

무릎 그전 높다란 병풍 밑에 경희가 자는 누비이불이 깔려 있다. 그 머리 맡에는 전기 '스탠드'와 몇 개의 책과 편지종이가 만년필과 그리고 광호에게서 온, 연필로 아무렇게나 짓갈겨 쓴 편지가 있다. 전등불은 이러한 모든 것을 비춰 주었다(『사랑의 수족관』, 1940, p.141).

서재의 전등불 밑에서 이경희는 김광호에게서 온 연애편지를 두 번 읽고, 세 번 읽으면서 김광호를 떠올린다. 경희는 연애편지를 읽는 것을 "처녀만이 향락할 수 있는 고귀한 권리"라고 생각한다. 인용된 부분에서 알 수 있듯이 김경희는 서고가 있는 육중한 '테-불'에서 광호의 편지를 설레는 마음으로 읽고 있다. 서재의 기능이 한층 더 심화되는 부분이라고 할 수 있다. 즉, 서재는 단순히 책을 읽는 기쁨이 내재된 공간이 아니라 감각적인 쾌락을 유도하는 비밀스러운 사생활의 공간이기도 하였다. 이경희에게 서재는 연애편지를 읽거나 쓰는 소녀적 감수성이 극대화되는 공간이다.

반대로 그녀를 끊임없이 방해하는 은주부인과 송현도의 음모도 '두 겹으로 드리운' 꺼먼 창으로 불빛이 밖으로 새지 않게 만들어 놓은 '서재'에서 공모되었다. 서재가 지니는 비밀스러운 성격은 다음과 같은 장면에서 그 의미가 변화되기도 한다.

송현도도 기적을 하고 보고하듯이 대답한다.

"이방엔 차광장치가 불충분한데 그럼 뒷방으로 가시지요."

　　부인은 일어서서 송현도 보다 앞서 싼·룸을 나간다.

　　"이방은 아주 완전히 차광장치를 했으니까 여기서 자세한 이야기를 들읍시다"

　　복도에 서서 다른 사람에게 들리도록 이야기 하고 부인은 방안에 불을 켰다.

　　"복도로 불광이 새니까 어서 들어 오세요"

　　이렇게 송현도를 안내해 놓고 부인은 다시 문을 닫고 나갔다. 그러나 이내 돌아와서 가운데 놓은 의자에 '테-불'을 새에 두고 송현도와 마주 앉았다. 이방은 사장이 서재로 쓰는 방이다. 책장과 책상 옆으로 문을 열면 침실로 통한다. 두 겹으로 창장을 드리우고 그 위에 붉은 안을 바친 꺼먼 장을 쳐서 불광은 밖으로 새지 않았다(『사랑의 수족관』, p.125).

　　이들의 음모는 복도까지 소리가 새어나가지 않게 일부러 선풍기를 틀기도 하며, 서류가방에서 서류를 부산히 꺼내는 모습으로 마무리된다. 당시 공습경보를 피해 숨어 있을 수 있을 정도로 은폐된 공간으로 문화주택에 배치되었던 서재는 밀애의 장소로도 요긴히 묘사되었던 것이다.

　　사생활 공간의 극대화는 다음의 모습에서도 마찬가지이다. 은주부인이 김광호를 유혹하는 장면 역시 다르지 않다. 다다미방에서 은주부인은 축음기를 튼다. 축음기와 댄스는 이 소설에서 개인적 취미의 영역으로 설정된 것이 아니다. "기생두 없는 방에 축음기 소리래도 있어야지 심심해 되겠어. 포타블 하고 당고서너판만 가져와"(p.297)라는 은주부인의 말에서도 알 수 있듯이, 이 소설에 등장하는 축음기 소리는 불륜과 유혹의 분위기를 형성한다.

부엌, 신가정과 구가정의 충돌장소

영화나 소설에서는 미혼여자 세 명이 등장하여 결혼을 바라보는 서로 다른 관점을 보여주는 이야기가 많다. 공지영의 소설「무소의 뿔처럼 혼자서 가라」가 그렇고, 일본 시나리오를 바탕으로 한 권칠인 감독의「싱글즈」역시 이러한 방식을 취하였다. 1942년『조광』지에 발표된 이태준의「신혼일기」역시 스위트 홈을 꿈꾸는 미혼들의 고민이 녹아 있는 소설이다. 1930년대판「싱글즈」라고 할 수 있는 이 소설은 결혼과 가정 그리고 직업 사이에서 갈등하는 세 명의 여고 동창생이 등장한다. 구식 제도의 가정에서 자란 민화옥, 졸업 후에 문학에 뜻을 두고 습작의 꿈을 안은 유소춘, 아들만 편애하는 부모 밑에서 자란 차순남이 바로 그들이다.

소설의 첫 부분을 살펴보면 민화옥의 목소리가 가장 크다. 민화옥은 대가족 제도에 염증을 느끼기에 조선의 구식 가정이 아주 못 마땅하다. 조선의 여성은 다 정신적으로 자신의 생활이 없다는 것이 그녀의 지론이다. 하루 종일 흰 의복을 세탁해야 하고, 음식할 때마다 여러 그릇이 필요한 살림의 비효율성 때문에 여성들이 발전할 시간이 없는 조선의 대가족 제도에 대해서도 강한 반발을 갖고 있다. 그녀의 꿈 역시 남편과 자신만이 사는 단출한 가족을 꾸리는 것이지만, 현실은 그렇지 않다. 민화옥은 외아들을 둔 시어머니가 있는 집으로 시집을 간다. 시어머니는 신혼여행 가는 외아들 내외의 뒤를 따라 나서고, 아들을 잡지 못한 것이 못내 서운하여 서대문 쪽으로 들어와야 하는 길을 잊어버려 동대문 밖까지 걸어간다.

　민화옥과 시어머니의 첫 번째 신경전이 시작된 곳이 마루임을 주의 깊게 여겨볼 필요가 있다. 신식 가정을 갖고 싶은 민화옥의 욕심과 민화옥의 개량이 못마땅한 시어머니가 부딪히는 장소, 즉 마루는 이들의 권력 쟁탈전을 표현할 더할 나위없이 적합한 장소였다.

　대청마루는 조선 가옥에서 거처의 중심이다. 광의 일부로 혹은 부엌의 일부로 쓰이고 있는 이 장소가 신식 며느리의 눈에는 유독 불결하게 보였다. 시집올 때 가져온 돈 이백 원으로 우선 마루부터 양실 응접세트로 꾸미고 싶은 것이 며느리의 소망이었고, 도배지를 바르고 백화점에서 제법 그럴듯한 백이십 원짜리 소파와 응접세트, 미국제 양탄자를 들여 놓았다. 보기 싫은 뒤주와 항아리는 행랑아범을 시켜 광으로 내 보내고, 테이블마다 꽃병을 놓고 여유를 부려본다. 그리고 사랑하는 남편이 회사에서 돌아와 해줄 품평을 기다리는 것이었다.

하지만 잔치집에 간 시어머니가 남편보다 먼저 집에 돌아와 호통부터 친다. "굿당이냐 선왕당이냐 울긋불긋 뭐냐 저게 다? 얼마나 가지구 왔는지 모르겠다만 난, 그런 돈재센 싫어! 내가 급살을 맞어 뻐들어졌단 말이냐? 어째 누깔이 퍼렇게 살었는데 내 쓰던 세간을 광속에다 쳐박니? 세간이라두 이만 저만 세간이냐?" 시어머니 눈에는 며느리가 들여놓은 세간이 대청에 쌀뒤주를 놓고 산 그 세월보다 못 마땅하다. 쌀뒤주를 광에다가 쳐 넣는 것, 이것은 더더군다나 참을 수 없는 며느리의 횡포라고 생각했다.

이 소설에서 마루는 근대를 상징하는 며느리와 전근대를 상징하는 시어머니가 충돌하는 장소이다. 대청에 쌀뒤주가 있는 것이 당연한 것처럼 시어머니에게는 주거 공간에 '거실'이란 개념이 아예 없었기 때문이다. 구여성과 신여성이 충돌하는 장소는 마루뿐만이 아니다. 부엌도 역시 재래 부엌과 모던 리빙이 공존했던 만큼 이를 받아들이는 며느리와 시어머니의 입장은 판연히 다를 수밖에 없었다.

"내 생활의 건설, 이것이 없는 가정이란 게 무의미"라는 화옥의 외침처럼 구식 가정에 들어온 신식 며느리는 하루하루가 답답하다. 화옥은 가사의 과중한 부담을 줄이기 위해서는 식습관부터 개량하는 것이 우선이라고 생각한다. 따라서 남편과 겸상을 하며 밥 먹는 시간을 줄인다. 그러자면 식모를 없애고 부엌일을 도맡아 하면서 부엌의 구조부터 뜯어고치는 일부터 시작해야 했다.

민화옥은 당시 유행한 잡지를 참고하여 가옥을 개량하였을 공산이 크다. 건축가 박길룡은 1936년 1월호 『여성』지에 「새 살림의 부엌은 이렇게 하였으면」을 투고하였다. 신식가정에 도입한 모던 부엌은 이상적이었고 안락한 가정을 상징하기도 하였지만, 실생활에 도입된 그 편리함은 오히려 고부간의 충돌을 유도하기도 하였다. 독창적인 '개인'의 흔적들은 주거공간에도 그 이름을 남기고 있었다.

장밋빛 미래에 대한 기대

우량아 선발대회와 과학적 모성의 유행

1970년대만 해도 한 분유회사와 방송사가 결합하여 '전국 우량아 선발대회'라는 것을 열었다. 살이 토실토실 오른 건강한 우량아의 부모는 자식들을 이 대회에 내보내기를 희망하였다. 그 인기를 반영하듯 분유회사들은 영·유아들이 먹는 분유통에 우량아 사진들을 그려 넣었다.

우량아 대회는 1970년대 광고사의 한 컷을 장식한다. '잘 살아보세'운동과 맞물린 우량아 선발대회의 호황은 국가와 가정 그리고 매스컴이 만들어 낸 일종의 신가정 만들기 프로젝트였던 것이다. 별 탈 없이 분유만 먹고도 쑥쑥 크는 아이들은

그야말로 행복한 미래의 가
정을 설계하는 상징적인 의
미였던 것이 아닐까?

우량아 선발 대회는 1970
년대에만 있었던 것이 아니
다. 1930년대 후반 『매일신
문』은 전국 우량아 선발 대회
를 개최하였다(1940. 6.15). 우
량아 선발대회는 "건설 조선
을 대표한 빛나는 興亞 이세

건강한 아이들이 숨쉬는 신가정.

들"을 위한 것으로 전조선의 우량아를 발굴하여 전쟁에 활용
할 수 있는 건강한 체력을 확보하려는 노력18)이었다. 우량아
선발 대회가 일어나기 몇 해 전부터 각종 여성 잡지에는 건강
한 아동의 얼굴이 다수 실리기 시작하였다. 통통한 젖살이 잔
뜩 오른 우량한 아이들의 얼굴과 이를 품에 안은 어머니의 자
애로운 모습. 이들이 상징하는 바는 과연 무엇일까? 자애로운
어머니가 만들어내는 건강한 아이의 이미지는 결국 부모 세
대들이 다음 세대에 거는 미래에 대한 희망이 아니었던가?
때문에 『여성』지가 특히 신경 쓰는 기사들은 자녀의 교육문
제였다.

자애가 가득한 어머님의 눈동자 이는 끝임 없는 희망을
자녀에게 드리우시는 사랑의 빛이시며 어머님의 입술로 새

어나오는 사랑의 노래는 자녀에게 피곤을 잊게 하시는 사랑의 힘이 아니겠습니까. 부풀어 오른 어머님의 따뜻한 젖은 마름이 없이 넘쳐흐르는 사랑의 샘일 것이며 따스한 어머님의 품속은 영원한 안식처요 가슴에서 흘러나오는 따뜻한 사랑은 영원히 자녀를 먹여 살릴 심령의 양식이 아니겠습니까? 이같이 모자 관계의 중추는 사랑이며 모친의 사랑은 아동의 성격건설의 핵심이 되는 것입니다. 원래 어미가 자식 사랑하는 정을 모성애라고해서 이것을 일종의 본능이라고 합니다. 이 본능적 모성애는 오로지 인간만이 가지고 있는 특성은 아니올시다. 사람도 자식을 사랑하여야 할 까닭이 무엇인지 또 어떻게 하면 참다운 사랑을 자녀에게 베풀 수 있는지를 분간치 못하고 주야로 아이에게 맹목적 사랑을 주는 것은 하등동물에 비하야 조금도 다를 것이 없습니다(『여성』, 1937.4, p.71).

이 글에서 어머니의 사랑은 자애로움으로 표현된다. 어머니의 따뜻한 품속은 영원한 안식처 혹은 자녀를 먹여 살릴 심령의 안식처이기도 하다. 모자 관계의 사랑은 아동의 성격 건설에 핵심이 되기에, 자식을 사랑하는 본능적 모성애가 참다운 사랑으로 나아가기 위해서는 이를 맹목적인 사랑으로만 놔둬서는 안 된다는 논지였다. 아이의 응석을 마냥 받아주는 것보다는 어머니의 '이지적 사랑'으로 자식을 다스리는 것이 중요하다는 것이다. 어른과 아이는 양의 차이뿐만 아니라 질의 차이가 있으므로, 아이를 나무랄 때에도 자녀의 마음을 헤아려 보며, 아이들과 함께 고장 난 장난감도 고쳐 봄으로써 아동으로 하여금 어머니에게 감사한 생각을 갖게 하라. 이것이 바로 맹목적인 사랑에서 벗어난 구체적인 모성애를 발휘할 수 있는 예이다.

요컨대 식물에게도 공통적으로 공급할 영양분이 있듯이, 자녀에게도 필요한 영양분이 무엇인지 알아서 이를 과학적으로 공급할 수 있는 어머니. 자애로운 어머니를 넘어 현명한 어머니 상이 요구되었다. 아이를 튼튼히 키워야 하고, 가족 구성원에게 해가 될 수 있는 요소는 미리 차단하고, 이로운 것은 재빨리 찾아서 공급하는 과학적인 어머니 상이 새로운 시대의 어머니였다. 여성 잡지는 현모양처인 여성과 가정주부를 여성에게 있어서 유리하고 바람직한 규범[18]이라는 사고를 전파한다. 이지적인 어머니와 과학적인 모성이 맞물려 모성을 재창조하는 과정으로서 '신현모양처'상을 만들어내고 있었던 것이다.

병과 질병에 대한 예방 그리고 요리법에 관한 실용기사가 많았던 것도 과학적 어머니가 보다 절실히 필요했기 때문이다. 「체질과 영양 섭취법-반드시 알아둘 어머니 지식」(『신여성』, 1934.1)을 살펴보자. 아동과 성인 남성, 노인, 살이 너무 찌거나 여윈 사람, 그리고 임부에게 적당한 음식이 무엇인지 자세히 알려주고 있다. 이 기사는 음식과 사람의 궁합을 말해주는 기사로서 '선병질 아동'과 같이 병을 자주 앓는 아이일수록 단백질과 비타민 칼슘이 필요하고, '머리를 몹시 쓰는 사람'들은 소화불량에 걸리기 쉬우므로 장의 운동을 원활하게 할 섬유소가 필요하다는 식으로 설명한다.

좋은 음식과 나쁜 음식을 선별하는 것은 어머니의 역할이기 때문에, 육아법 역시 점차 세밀해졌다. 아이들에게 불결한 것은 가정의 행복을 방해하는 해악이기 때문에, 어린이에게 순수하지 못한 것은 즉각 내쳐야 할 대상이었다.

> "레코드나 라디오에 깨끗한 동화나 동요는 좋지만 그렇지 않은 것은 참 큰 문제입니다. 살스런 노래가 아주 뇌수에 젖어서 마땅이 헐소리로 알고 조금도 부끄러워하지 않고 태연히 지절대는 것을 보면 기가 맥힙니다. '빈센트' 같은 것도 그저 내리 줄줄 외웁니다. 혹시 그들이 듣는 레코드속의 문자가 나오면 거기에 연상하여서 대번 그 타령이나 소리뿐이 아닙니까. 가정에서 크게 주의해야 될 줄 압니다."(윤석중, 「동심잡기」, 『신여성』, 1934.1, p.143).

이 기사 내용처럼 어린이들은 아름다운 동화와 동요를 들어야 하고, 듣기에 민망한 노래는 아이들 주변에서 흘러나오지 않도록 가정에서 주의를 기울여야 한다. 이즈음 독일의 동화작가 하우프만의 동화를 필두로 세계 각국의 유명한 동화들이 『신여성』(1934.1)지에 소개되었다. 이처럼 아동지가 아닌 여성지에 번역한 동화들이 소개된 것은 어린이에게 동화를 읽어주는 어머니의 역할을 강조했기 때문이다. 매일 동화책을 읽어주는 어머니는 맹모의 어머니와 견주어 볼 만하다. 자식을 위해 노력해야 할 어머니의 짐은 문명이 발달할수록 더욱 세밀하고 복잡해져만 갔다.

RSH라는 이름으로 게재한 「좋은 자녀를 기릅시다」라는 기사도 어머니가 자녀를 대할 때 지켜야 할 주의점에 대해 나열하고 있다. "형제 싸움은 아이들에게 많은 일이나 어느덧 이 싸움이 마음속에 뺄 수 없는 미움"으로 박힐 수 있다는 말로 시작한 이 글은, 어머니가 해야 할 일은 정당하게 잘못한 아이를 꾸짖고, 우는 아이를 위로해서 '바른 재판'을 해야 한다는 제언을 덧붙이고 있다. 이는 아동 심리에 적합한 방법에 대한 관심과 아동기 독자성에 대한 자각이 드러난 부분이다(이정호, 「아동의 심리연구」, 『신여성』, 1932.8, p.55). 집을 지을 때 사랑방은 중요시하고 주부가 있는 안방이나 아동실에 대해서 유의하지 않았음을 반성하기도 하였다(「가정좌담회」, 『여성』, 1939.2, p.22). 부부 단위의 가족이 점차 중요해질수록 가정의 기대와 행복은 아이들에게 집중되었다. 근대적 가족 형태의 출현을 아이를 중심으로 파악한 의견은 이 부분에서 상당히 유효하다.

'아동'을 막 발견한 조선사회는 이제 또 다른 방식으로 행복한 가정으로의 열정을 표출하고자 한다. 누구보다 내 아이만은 잘되길 바라는 심정은 다음 세대로까지 행복한 가정을 보장해 주어야 할 부모 세대의 임무이다. 정기적으로 아이들에게 피아노와 음악을 가르쳐 교양과 매너 있는 아이로 키우는 것은 부모가 다음 세대의 가정에게 물려줄 정신적 가치와 미덕이었다. 자식에 대한 과잉된 집착과 행복한 가정 만들기에 대한 지나친 열정은 훗날 대한민국 특유의 '치맛바람'의 근원이 되었다. 박완서는 『휘청거리는 오후』(창작과 비평사, 1977)에서 자식을 상류집안에 결혼시키기 위한 도시 중산층의 치맛바람을 비판적으로 그려내었다.

가사과 출신, 스위트 홈의 주인공

함대훈은 조선의 여인이 본받을 상으로 도스토예프스키의 부인을 내세운다. 도스토예프스키는 훌륭한 문장가였지만 도박하는 버릇이 있었고 간질병을 앓고 있었다. 그를 위대하게 만든 것은 부인의 내조 덕분이었다. 빈곤한 생활에 쪼들려 살면서도 아무런 불평 없이 가정을 충실히 이끌었으며, 결혼반지마저 도박 밑천으로 써버린 남편을 끝까지 존경하였다. 함대훈은 이 부인처럼 어린이를 잘 키우고, 남편을 잘 받들어 주는 것이 여성의 책무라고 주장하였다(함대훈, 「주부도의 신순서」, 『여성』, 1940. 8). 고전적인 관점의 신사임당은 끊임없이 변용되어 이상적인 현모양처상으로 등장한다. 함대훈에게 그것은 러시아의 문호의 부인이었던 셈이다. 그렇다면 다음과 같은 '직업부인'은 바람직한 어머니상에서 제외되기 마련이다.

자녀가 있는 이로 직업가지는 것은 자녀에 대한 죄악

이라고 본다. 자녀가 어머니 없이 자란다는 것은 위험천만의 일이다. 어머니가 있건만 어머니 없이 자라는 아이들이 점점 늘어가는 일은 사회의 문제 거리다. 아이들이란 먹이고 입히기만 하면 자라나는 것이 아니고 일동일정은 어머니의 본질에서 기름 받아야 사람 꼴이 되는 이상 적으마한 수입 때문에 귀중한 자녀양육을 등한시하는 것은 단연 금지해야 할 일이다. 교육받은 어머니가 기르는 자녀들이 더 불량하다는 말을 흔히 듣는데 그 원인은 자녀 소양에 구여성만치 힘을 안 쓰기 때문인가 한다. 그러기에 자녀가 없는 생활양식이 아조 편리해서 사회에 나서서 사회 일도 완전히 하면서 가정도 충족히 해나갈 수 있는 이외에는 직업부인되는 것은 불가하다고 본다(김자혜, 「직업여성과 가정」, 『여성』, 1933.4, p.35).

　어머니 없이 자라는 자녀는 있을 수 없다. 따라서 직업부인은 그 자체가 '결함' 덩어리이다. 돈 몇 푼을 버느라 "어머니가 있지만 어머니가 없는 아이들"을 양산해 내고 있는 직업여성들을 바라보는 사회의 시선은 곱지 않았다. 일하느라 가정에 제대로 신경 쓸 틈이 없는 신여성들은 구여성들보다 한참 못한 존재들로 받아들여졌고, "학교 출신이 가사에 서투르다"라는 말이 곳곳에서 들려왔다. 「여학교에 보내는 학부모의 여론」(『신가정』, 1934.9, pp.68~71)은 여학생들을 학교에 보내고도 답답한 부모의 심경을 토로한 글이다. 한 학부모는 "가정을 지도하여야 한다"는 제목으로 학교에서 여학생들에게 가르쳐야 할 12가지 항목을 적어 보냈다. 집안을 꾸미고 가사 살림에 보탬이 되는 경제 방식을 배워서 실생활에 적용시켜야 한다는 주문이 대부분이었다. 12가지 조건에서도 육아에 관한 조건이 가장 컸다. "아이의 지식, 건강, 덕성을 완전히 현대화 시킬만한 충분한 지식"을 습득시켜 여학생을 배출하여야 한다는 의견을 덧붙였다.

학교교육을 통해 가정에서 배우지 못한 '가사'를 체계적으로 배워오도록 하는 것이 부모들의 공통된 의견인 만큼 결혼 시장에서 가사와 출신에 대한 선호도가 높았다. 이 당시 소설을 살펴보면 신여성의 전공이 가사과나 음악과가 많은 것도 당시의 맥락과 동떨어진 것이 아니다. 집안을 체계적이고 교양 있게 만들어낼 역할에 이들의 임무가 주어졌던 것이다.

신가정에 대한 실체는 이제 조금씩 그 윤곽이 잡혀갔다. 1932년 6월 『신동아』에서는 「신가정내용공개」라는 굵직한 타이틀로 당시 조선 현실에서 새로이 대두된 '신가정'의 실체를 22가지의 질문으로 잡아냈다.

아래의 예문은 전문학교나 고등보통학교에서 '신지식'을 배워온 여성들이 꾸려놓은 가정을 가상으로 풀어본 것이다. 신여성들이 그들의 가정을 얼마나 개량했는지에 관한 질문도 있었지만, 이들이 가정에서 느끼는 애로점을 서술한 부분도 눈에 띈다. 예컨대 가정생활에서 가장 즐거운 일이 무엇이냐는 질문에 대해 거의 다 '자녀의 성장'을 말하거나 특별한 즐거움이 없다고 답변하였다. 『신동아』에 실린 질문을 바탕으로 동소문동에 사는 이애신 주부의 목소리를 들어보자.

저는 올해로 결혼 한지 오년 되었습니다. 지금 제가 스물 아홉이니까 이화여자전문학교를 졸업하자마자 현재 은행에 다니는 남편을 만난 셈이네요. 네? 결혼이요? 동창생들이 그러하듯 저도 정동 교회를 빌려 신식 결혼을 하였습니다. 신혼여행은 은행에 다니는 남편이 휴가를 내서 원산 해수욕장으로 다녀온 것이 기억납니다. 미션스쿨에서 배워온 만큼 저 역시 독실한 크리스챤입니다. 교회에서는 찬송 모임을 갖고 있어서 가끔 여고동창들을 만나가도 하지요.

현재 우리 가족은 남편과 저, 계집애들 세 명과 막내아들 한명, 그리고 시부모님까지 도합 여덟 명입니다. 얼마 전까지는 시부모님을 모시고 살았는데 저희가 동소문동으로 이사 간 후로 시부모님과는 분가를 했지요. 삼청동에 사시는 시댁엔 자주 가고 있습니다만, 시어머님은 저희 집을 못마땅하게 여기세요. 요즘 한창 유행하는 문화주택을 거금 천원을 들여 짓긴 하였는데, 유리창과 부엌 환기에 특히 신경을 쓴 만큼 이전의 부엌에서 겨울철에 고생하던 것과는 비교가 안 되거든요. 저는 우리 집의 훤한 거실이 마음에 들어요. 미쓰코시 백화점에서 산 소파와 양탄자를 깔아보니 훨씬 안락하고 집안이 따뜻해졌습니다. 그런데 어머님은 이게 싫으신가 봐요. 하루는 장소가 좁아 3대째 물려 내려온 뒤주며 찬장이 대청에서 치워버렸는데, 이걸 보시고 매우 역정을 내셨어요. 뒤주에 있던 쌀은 부엌 한켠에 정돈되어 있는데 어머님은 집안의 복을 함부로 내쳤다고 하시며 하루 종일 방에서 나오시질 않으셨습니다.

아침 식사는 간편하게 먹는 편입니다. 어머니는 남편에게 드리는 밑반찬이 예전보다 훨씬 부실해졌다고 자주 편잔을 주십니다. 그러나 결코 그렇지 않습니다. 저는 여학교 가사 실습 때 배운 방식으로 조리를 합니다. 양보다는 질이라는 생각에 단백질과 칼슘을 보강하여 남편과 아이들 영양에 정성을 기울인답니다. 카스테라와 비스켓같은 서양 간식도 손수 만듭니다. 친구들 중엔 기자를 하며 사회활동을 하는 친구도 많습니다만, 아이들 네 명을 키우고 있자니, 밖에 나갈 시간조차 없습니다. 저도 예전에는 종로에 붉은 스카프를 두르고 청매 양장점에서 맞춘 모직 코트를 입고 나갔지요. 일본 잡지에서 본 최신패션을 그대로 맞춰달라고 했지요. 저한테 연애 한번 하자고 쳐다보던 남성들도 많았어요. (웃음)

저의 가정생활은 크게 즐겁거나 노엽지는 않습니다만, 새해 소망은 남편이 좀 일찍 들어오셨으면 좋겠어요. 저 혼자 육아를 감당하기 힘든데, 남편은 은행일이 바쁘신지 매일 늦으시네요. 얼마 전에는 할부로 축음기를 샀어요. 요새는 빅타레코드니 시에론 레코드에서 가족 모두가 들을 수 있는 클래식 레코드를 많이 기획해서 팔더군요. 가족 공통의 취미를 한번 만들어 남편과 가족 모두에게 홈-스위트 홈의 꿈을 실현시켜주고 싶습니다.

1930년대에 유행한 문화주택은 일급소설과 통속소설을 망라해 중요한 배경이 되었다. 문화주택의 기원은 1915년 가정박람회에서부터 도입되었지만, 문화주택과 가정탐방기가 크게 유행했던 1930년대를 이해하기 위해서는 보다 실증적인 목소리가 필요하다. 1930년대의 문화주택에는 누가 살까 하는 구체적인 물음에 이애신 주부의 답변은 충분했다.

그녀의 목소리는 결혼 후 신여성들의 생활이 어떠한지를 알려주는 지표와 같다. 종로와 명동을 돌아다니던 당대의 신여성들은 이제 스위트 홈이 손짓하는 현실로 귀가한다. 붉은 연애라는 말이 유행했던 것처럼 혁명가들과 문사들 사이에서 낭만적인 연애를 꿈꾸기도 하였지만, 그녀들은 현실을 택하였다. '은행가'나 '실업가'를 택해서 문화주택에서 사는 것이 스위트 홈의 문을 두드리기가 편했던 것이다. 『신가정』, 『가정지우』와 같은 여성 잡지를 보며, '가정'을 어떻게 하면 행복하게 만들지에 대해 고민을 하지만 막상 손에 얻으려고 했던 스위트 홈 만들기는 여느 주부들처럼 그리 쉽게 다가오지 않는다. 가정탐방기의 주인공으로도 부족함 없는 이애신 주부였지만, 그녀는 축음기나 피아노만 갖고는 스위트 홈을 이룰 수 없다는 고민이 있었다.

신혼의 행복.

스위트 홈의 신화

근대 초기의 가정은 국가를 이루는 최소의 블록이었지만, 우생학적인 안정이 없는 가정은 국가의 존재를 위협하기도 한다. 이 양면성 때문에 '스위트 홈'에 대한 갈망은 꽤 오래된듯 하다. 잘 가꾸어진 화초, 취미 생활을 위한 피아노, 축음기 등이 행복한 가정의 상징이었듯, 스위트 홈을 구성하는 기표들은 요사이도 그 모습을 바꾸어 자주 우리 생활에 등장한다.

자유연애가 도입된 이후 이상적인 배우자를 찾는 고민 역시 이전에 비해 한층 배가 되었다. 상대방의 취향을 고려한 선택의 시간들은 행복을 셈하는 기쁨이 되었고, 물질적인 안정까지 철저히 '행복'의 기준으로 선택된 것처럼 보인다. 그리고 저널리즘은 스위트 홈의 환상을 향해 달려가는 개인의 열정들이 분출하고 충돌하는 과정을 통해 우리의 근대적 가정이 만들어진 여정을 여실히 보여준다.

주

1) 노버트 쉐나우어 지음, 김연홍 옮김, 『집』, 다우, 2004, pp.247~254.

2) 다음은 「國民新聞」(1915. 3.16)에 실린 가정박람회의 개최목적을 담은 글이다. 가정박람회의 목적을 담은 이 글은 조선에서 열린 가정박람회의 취지와 상당히 비슷하다. "문명의 진보에 따라, 사회변화에 맞춰, 가정의 실제생활에 관한 문제는 점차 복잡해진다. 어떤 집에 살아야 할지. 어떤 음식을 먹어야 할지. 또한 어떤 옷을 입어야 할지. 가정의 문제는 옛날과 마찬가지로 의식주의 문제가 중심이 되는 법인데, 신시대의 의식주와 구시대의 의식주는 서로 상이한 점이 있다. 시대에 적합한 가정 및 가정생활을 이론상으로 설법하지 않고, 있는 그대로 실제 보여주기 위해 가정박람회는 기획되었다. 가정이라는 말뜻이 넓은 것처럼 가정박람회의 범위도 참으로 넓다. 단지 경제상의 것에만 머물지 않고, 가정의 취미·오락에 관한 방면, 위생에 관한 방면, 교육에 관한 방면도 역시 마찬가지로 가정박람회의 일부이다. 따라서 가정박람회는 부인에게만 흥미가 있고, 그리고 실익 있는 박람회가 아닌 무릇 가정의 일원이 되는 남녀노소를 막론하고 모두 이곳에 와서 이상의 가정 규범을 볼 필요가 있다. (요시미 순야, 이태문 옮김, 『박람회』, 논형, 2004, p.176 재인용)

3) 요시미 순야, 이태문 옮김, 『백화점』, 논형, 2004, pp.175-182.

4) 천정환, 「한국 근대 소설 독자와 소설 수용 양상에 대한 연구」, 서울대 박사학위논문, 2002, p.174.

5) 장국현, 「신연애론」, 『신여성』, 1931. 5 (김경일, 『여성의 근대·근대의 여성』, 푸른역사, 2004, p.164 재인용)

6) 에릭 홉스봄은 디킨스가 예찬했던 크리스마스 디너, 크리스마스 트리, 크리스마스 노래, 독일의 고요한 밤은 어쨌든 바깥 세상의 추위와 가정 안에 있는 가족 세계의 따뜻함, 그리고 이들 사이의 대조를 동시에 상정한 것이라고 주장한다. 19세기 중반 부르주아 가정의 내부 장식을 보고 당장 느끼게 되는 인상은 물건이 혼잡스럽게 많이 놓여 있고, 또 가리는

것이 많다는 점이다. 커튼, 쿠션, 덮개, 벽지 등으로 꾸며져 있지 않은 것이라곤 별로 없다. 이는 부르주아 경제의 이론적 모델이 되어 있었던 개인주의적·홉스적 무정부 상태가 가족 형태를 포함한 사회조직의 어떤 형태에 대해서도 그 기초가 되지 못했기 때문에 그와 같은 사태가 일어났던 것이다. 뿐만 아니라 실제로, 가족은 한 가지 점에서 외부세계와는 아주 완전히 대조적이었다. 즉, 가정은 전쟁의 세계 속에 있는 평화의 오아시스, 다시 말하면 전사의 휴식처였던 것이다. 에릭 홉스봄, 김동택 옮김, 『자본의 시대』, 한길사, 1998, pp.442~443.

7) 김관, 「음악감상법」, 『여성』, 1937.1~1937.7.

8) 『여성』, 1936.7, p.29 "日本 빅타- 創立 十週年 記念發賣" 상품 광고 참조.

9) "원래 이집은 레코-드-컨써-트로 유명"했다는 다방 '낙랑팔로'처럼 경성 장안에는 음악다방이 우후죽순처럼 생겨났다. 방안에서 축음기를 들을 형편이 안 되면 다방에 가서라도 음악을 들었다(「다방잡설」, 『개벽』상, 1935.1. p.107).

10) 위르겐 하버머스, 한승완 옮김, 『공론장의 구조변동』, 나남출판, 2001, p.269.

11) 이진경, 「주거공간과 가족주의」, 『근대적 시공간의 탄생』, 소명출판, 2001, p.225.

12) 아모스 라포포트, 이계목 옮김, 『주거형태와 문화』, 열화당, 1985, p.73.

13) 권보드래, 「구여성과 신여성」, 『연애의 시대』, 현실문화연구, 2003, p.71. 권보드래는 연애가 이국적인 독서 경험을 통해 유입된다고 말한다. 그에 따르면 연애로 이룩된 가정이란 세계를 바꾸려는 꿈과 마찬가지이다.

14) 아리에스는 집안 구조를 자세히 분석하고 거주방식을 통한 구획이 사적인 내밀화를 기획해 내었다고 주장한다. 이러한 사적공간에 대한 욕망은 부르주아나 아나키스트, 혁명가, 노동계급 모두에게 유행한 것으로 평가되고 있다. 필립 아리에스·조르주 뒤비, 전수연 옮김, 『사생활의 역사』 4, 새물결, 2002.

15) 이태준, 『청춘무성』, 서음출판사, 1988, p.44.

16) 필립아리에스·조르주 뒤비, 앞의 책, p.448.
17) 신동원, 『호열자, 조선을 습격하다』, 역사 비평사, 2004, p.79.
18) 牟田和惠, 「가족·성과 여성의 양의성」, 한국여성연구회 편, 『동아시아의 근대성과 성의 정치학』, 2002, 푸른사상, p.135.

스위트 홈의 기원

초판발행 2005년 1월 30일 | 2쇄발행 2006년 10월 30일
지은이 백지혜
펴낸이 심만수 | 펴낸곳 (주)살림출판사
주소 413-756 경기도 파주시 교하읍 문발리 파주출판도시 522-2
출판등록 1989년 11월 1일 제9-210호
전화번호 영업·(031)955-1350 기획·(031)955-1370~2
        편집·(031)955-1362~3
팩스 (031)955-1355
e-mail salleem@chol.com
홈페이지 http://www.sallimbooks.com

ISBN 89-522-0332-1 04080
      89-522-0096-9 04080 (세트)

값 3,300원